U0457567

文哲丛刊

国立湖南大学文哲丛刊社 编

翟新明 整理

湖南大学出版社·长沙

图书在版编目（CIP）数据

文哲丛刊/国立湖南大学文哲丛刊社编；翟新明整理.—长沙：湖南大学出版社，2024.3

（千年学府文库）

ISBN 978-7-5667-3385-6

Ⅰ.①文… Ⅱ.①国… ②翟… Ⅲ.①文史哲—中国—现代 ②诗词—作品集—中国—现代 Ⅳ.①B261 ②I226

中国国家版本馆 CIP 数据核字（2024）第 017521 号

文哲丛刊

WENZHE CONGKAN

编　　者	国立湖南大学文哲丛刊社
整　　理	翟新明
责任编辑	王桂贞
印　　装	长沙超峰印刷有限公司

开　本：787 mm×1092 mm　1/16　　印　张：10.5　　字　数：200 千字
版　次：2024 年 3 月第 1 版　　印　次：2024 年 3 月第 1 次印刷
书　号：ISBN 978-7-5667-3385-6
定　价：78.00 元

出 版 人：李文邦
出版发行：湖南大学出版社
社　　址：湖南·长沙·岳麓山　　邮　编：410082
电　　话：0731-88822559（营销部），88821327（编辑室），88821006（出版部）
传　　真：0731-88822264（总编室）
网　　址：http://press.hnu.edu.cn
电子邮箱：wanguia@ 126. com

版权所有，盗版必究
图书凡有印装差错，请与营销部联系

ISBN 978-7-5667-3385-6

9 787566 733856 >

"千年学府文库"编辑出版领导小组

组　长：邓　卫　段献忠

成　员：曹升元　陈　伟　谢　赤

　　　　于祥成　谭蔚泓　徐国正

　　　　李树涛　蒋健晖　汪卫斌

出版说明

　　湖南大学历史上承岳麓书院，书院肇建于公元九七六年，为我国古代四大书院之一，历经宋、元、明、清，朝代更迭，学脉绵延，弦歌不绝。一九〇三年，书院改制为湖南高等学堂。清末民初，学制迭经变迁，黉宫数度更易。一九二六年定名为湖南大学，一九三七年改归国立。一九五三年全国高校院系调整，学校更名为中南土木建筑学院，一九五九年恢复湖南大学校名。岳麓书院享有千年学府之盛誉，承载着我国教育的发展历程和厚重的文化积淀，是中国教育史、学术史、思想史、文化史的一个缩影。

　　惟楚有材，于斯为盛。从岳麓书院到湖南大学，一批批学者先贤在此教书育人、著书立说，人才之盛、达成之功，史有明征，班班可考。为表彰前贤之述作，昭示后生以轨节，开启学海津梁，沟通中西文明，弘扬大学之道，传承中华文化，值此岳麓书院创建一千零四十周年暨湖南大学定名九十周年华诞之际，中共湖南大学委员会、湖南大学决定编纂出版"千年学府文库"。兹谨述编纂原则如次：

　　一、以"成就人才，传道济民"为主线，以全面呈现千年学府发展历程、办学模式、师生成就、学术贡献为目标，收录反映千年学府学制变迁与文化传承的学术著述。

　　二、选录人物系湖南大学及前岳麓书院、时务学堂、湖南高等学堂、高等实业学堂、优级师范学堂、高等师范学校、公立工业专门学校、法政专门学校、商业专门学校、国立商学院、国立师范学院、省立克强学院、私立民国大学、省立音乐专科学校、中南土木建筑学院、湖南工学院、湖南财经学院之卓有成效并具有重要影响之师生员工。已刊者选印，未刻者征求，切忌贪多，惟期有用。

三、收录文献，上起九七六年，下讫一九七六年，既合千年之数，更以人事皆需论定。

四、收录文献，以学术著述、校史文献、诗文日记为主，旁及其他，力求精当，不务恢张。

五、收录文献，有原刻者求原刻影印，无原刻者求善本精印，无善本者由本校校印。排版形式根据著述年代而定，古代著作采用繁体竖排；一九一九年至中华人民共和国成立前，原则上简体横排，根据版本情况，亦可用繁体竖排，规范标点；中华人民共和国成立后的著作，用简体横排。

六、文献整理，只根据底本与参校本、参校资料等进行校勘标点，对底本文字之讹、夺、衍、倒作正、补、删、乙，有需要说明的问题，则作出校记，一般不作注释。

七、收录文献，均由整理者撰写前言一篇，简述作者生平、是书主旨、学术价值、版本源流及所用底本等。

八、"千年学府文库"图书，尚待征求选定，征求所得，拟随时付印，故暂无总目。

"千年学府文库"卷帙浩繁，上下千载，疏漏缺失，在所难免，尚祈社会各界批评指正。

"千年学府文库"编辑出版委员会谨识

二〇一六年十月

前　言

　　1937 年 7 月 7 日，湖南大学由"省立"改"国立"，同日，"卢沟桥事变"爆发，中国进入全面抗战阶段，地处中国中南部要道的长沙屡次遭到日寇军机轰炸。根据《湖南大学校史》记载，1938 年 4 月，湖南大学遭日寇军机轰炸，多名学生和工友被炸死，图书馆、科学馆、学生宿舍等被炸毁，财产损失在 200 万银元以上。[①] 同年 10 月起，湖南大学师生相继西迁至辰溪龙头垴，直至 1945 年抗战胜利后才迁回长沙。《文哲丛刊》的发起、编辑与出版，即是在辰溪湖南大学时期。

　　《文哲丛刊》是由国立湖南大学文哲丛刊社编辑、国立湖南大学发行、辰溪湘岳石印社印刷、国立湖南大学文哲丛刊社经售的学术集刊，但仅于 1940 年 12 月出版第一期，定价国币二元。[②]《国立湖南大学期刊》新一号（1941 年 6 月出版）曾刊文记载此事：

　　　　本校中国文学系与哲学心理系教授杨遇夫、曾星笠、黄子通、吴绍熙诸先生，发起组织文哲丛刊社，出版不定期刊物《文哲丛刊》一种，其第一期业于二十九年十二月印竣，并由该社分别寄赠国内各大学及各图书馆云。[③]

　　此外，据杨树达《积微翁回忆录》1940 年 11 月 1 日记载："余

---

　　① 《湖南大学校史（公元 976—2000）》，湖南大学出版社，2003 年，第 206-207 页。

　　② 根据 1940 年 11 月《国立湖南大学教员名册》，教授最低月薪为 300 元，讲师最低月薪为 130 元，助教最低月薪为 70 元，助理最低月薪为 50 元。

　　③ 《文哲两系出版〈文哲丛刊〉》，《国立湖南大学期刊》新一号，1941 年 6 月。

与曾星笠、黄子通发议印行《文哲丛刊》杂志，湖大允出千元为之。"① 同年12月24日记载："撰《文哲丛刊》发刊词。"② 1941年1月21日日记："《文哲丛刊》出版，载余撰《读甲骨文编记》。"③ 可知《文哲丛刊》由杨树达、曾运乾、黄子通、吴绍熙等发起，湖南大学资助出版，并由杨树达撰写《发刊词》。出版之后，曾分赠国内大学和各图书馆。笔者目验所及，复旦大学图书馆藏有一册，索书号：乙327，封面书"复旦大学惠存 国立湖南大学文哲丛刊社赠"，另钤印"请交换寄本丛刊社"；武汉大学图书馆藏有一册，索书号：MG/C55/G631/（1），封面书"刘弘度先生惠存 国立湖南大学文哲丛刊社赠"。知曾分别寄赠复旦大学和刘永济，并请交换相关出版物。此外如湖南图书馆、厦门大学图书馆等也有收藏。

《文哲丛刊》分为专著、文录、五溪诗社诗词录等三部分，其中专著部分收录学术论文6篇、文录部分收录文章4篇、五溪诗社诗词录部分收录诗词98首。以下分别作简要介绍。

一、专著

（一）曾运乾《古本音齐韵当分二部说》

曾运乾（1884—1945），字星笠，号枣园，湖南益阳人。毕业于湖南优级师范学堂史地科，历任湖南省立第一师范学校、东北大学、中山大学、湖南大学等校教授。著有《音韵学讲义》《尚书正读》《毛诗说》《史记概要》等。

在曾运乾音韵学研究中，《古本音齐韵当分二部说》是在《喻母

---

① 杨树达《积微翁回忆录 积微居诗文钞》，上海古籍出版社，2013年，第165页。
② 杨树达《积微翁回忆录 积微居诗文钞》，第167页。
③ 杨树达《积微翁回忆录 积微居诗文钞》，第168页。

古读考》《切韵五声五十一纽考》之后的另一篇重要论文，首刊于《文哲丛刊》。其核心观点，即提出脂、微当分为二部，从而在顾炎武、江永、段玉裁、戴震、黄侃、钱玄同等学者已有研究成果的基础上，将古韵扩充为三十部。《古本音齐韵当分二部说》虽迟至1940年才发表，但其观点确立甚早。在此篇发表之前，曾运乾的授课讲义《广韵研究讲义》（国立湖南大学石印本，湖南图书馆藏）第五章第九节《齐韵分为两部》，即此篇之先声；又见于其《文字学讲义》（中国科学院图书馆藏）中卷下册第四编《广韵学》之第五章第九节。两书相关内容基本相同，文字略有出入。相较于讲义本的《齐韵分为两部》，《古本音齐韵当分二部说》为重新改写之作，内容更为丰富。

曾运乾弟子郭晋稀整理曾氏《音韵学讲义》（中华书局1996年版），以《广韵研究讲义》为底本，又根据《文哲丛刊》本，将《古本音齐韵当分二部说》对《齐韵分为两部》的增益部分节录，附于《齐韵分为两部》之后，并根据自己的理解改定了部分文字。其后，夏剑钦整理《声韵学》（湖南教育出版社2012年版）、彭建国整理《音韵学讲义》（湖南大学出版社2021年版），均根据郭晋稀所定体例，在《齐韵分为两部》之后附录《古本音齐韵当分二部说》之节录，但对部分文字的隶定亦有不同。此外，曾运乾弟子王显所著《古韵源流》第二十章《益阳曾星笠先生之三十部》第三节《古音齐韵分为两部诗韵证》、第四节《古韵三十部总表》（收入《王显未刊手稿选编》，湖南大学出版社2022年版），也是根据曾运乾之说所进行的汇总。

（二）杨树达《读甲骨文编记》

杨树达（1885—1956），字遇夫，号积微，晚更号耐林翁，湖南长沙人。历任北京高等师范学校、清华学校、武汉大学、湖南大学、湖南师范学院等校教授，担任湖南省文史研究馆馆长、中国科学院学部委员、苏联科学院通讯院士。论著汇编为《杨树达文集》。

《读甲骨文编记》为杨树达对孙海波《甲骨文编》所作之校勘札记，首刊于《文哲丛刊》。杨树达于 1940 年 10 月 3 日作《自序》，其《积微翁回忆录》1940 年 8 月 9 日日记称："阅孙海波《甲骨文编》，为余再治甲文之始。"[1] 又，同年 10 月 19 日日记亦载有其对甲骨文的释读。可知此篇之作，起于 1940 年 8 月 9 日，至 10 月 19 日后止，即交《文哲丛刊》印行。此篇后来曾加修订，并注明了前人研究已涉及的情况，经整理后收入《积微居小学述林全编》（上海古籍出版社 2007 年版）补编部分。

《读甲骨文编记》写成以后，杨树达于 1940 年 11 月 1 日将此稿寄示郭沫若，郭沫若于 12 月 25 日回信称："捧读一过，欣快无似。……今得读诸大作，真如空谷足音也。……我兄于文字学方法体会既深，涉历复博，故所论均证据确凿，左右逢源，不蔓不枝，恰如其量，至佩至佩！"[2] 郭沫若以研治甲骨文得名，而对杨树达《读甲骨文编记》颇多赞誉，由此也可见杨树达对此文的看重，并由此开启了杨树达与郭沫若的学术交往。[3]

（三）黄子通《孔子哲学》

黄子通（1887—1979），名理中，以字行，浙江嘉兴人。毕业于上海交通大学、英国伦敦大学、加拿大多伦多大学等，先后任教于

---

① 杨树达《积微翁回忆录 积微居诗文钞》，第 161 页。
② 杨逢彬整理《积微居友朋书札》，湖南教育出版社，1986 年，第 100-101 页。
③ 可参见卜庆华《郭沫若与湖南师范学院几位教授的翰墨因缘》，《郭沫若研究新论》，首都师范大学出版社，1995 年，第 307-313 页。

长沙明德大学、燕京大学、湖南大学、国立师范学院、武汉大学、北京大学等校，曾任燕京大学文学院院长、湖南大学文学院院长等。著有《儒道两家哲学系统》《科学方法研究》等。

《孔子哲学》首刊于《文哲丛刊》，北京大学中国传统文化研究中心编《北京大学百年国学文粹·哲学卷》于1998年5月由北京大学出版社出版，其中收录黄子通《孔子哲学》一文，即据《文哲丛刊》本整理。此外，黄子通还曾在宇宙书局出版《儒道两家哲学系统》（该书为该社"大学用书"系列之一种），1942年8月初版，1946年12月再版。《儒道两家哲学系统》包括《孔子哲学》《孟子哲学》《荀子哲学》《庄子哲学》《朱王哲学》等五篇，附录《老子哲学》，其中《孔子哲学》一篇即由《文哲丛刊》本而来，内容完全相同，仅对原有的文字错讹进行了一定程度的修订。

《孔子哲学》是黄子通对孔子哲学的系统研究成果，重点从"天""仁""礼""教育哲学"等几个关键语词展开，并对其中细目进行研究。作者提出："我们研究古代的哲学家，首先应当注意他们的系统，在寻索系统的时候，首先应当研究一个哲学家的基本概念。研究基本概念或基本名词的时候，切不可用外国的概念或者外国的名词来比附，即使在中国哲学史中找到两个哲学家所用的名词一样，但亦不可把它们等同起来。"也就是强调应从孔子的言论中、以孔子自己的系统观点来研究其哲学，这一点对于当代的研究颇有启示意义。

（四）王启湘《商君书研究》

王启湘（1879—1959），名时润，以字行，湖南长沙人。1908年毕业于日本东京法政大学法律部，回国后历任江苏、安徽、湖南等省立法政大学及江苏大学、清华大学、湖南大学等校法学教授。著有《周秦名家三子校诠》。[①]

王时润于《商君书》素有研究，著有《商君书斠诠》五卷，有民国四年（1915）宏文图书社排印本；再版时改题为《商君书集解》，有民国十四年（1925）湖南南华法政学校石印本；三版改题为《商君书发微》，李肖聃曾为该书作序（见《李肖聃集》，岳麓书社2008年版）。方勇主编《子藏·法家部·商君书卷》（国家图书馆出版社2015年版）第七册影印《商君书斠诠》《商君书集解》两著，可以参看。

《商君书研究》首刊于《文哲丛刊》，据王时润文末称，是因见到荷兰莱登大学教授戴闻达及国内学者陈启天根据其《商君书斠诠》进行翻译与引用，"惟两君均仅见余民国四年初版之《斠诠》，而未见余民国十四年再版之《集解》，及余以后所续校，是以本书尚多不可通者。余恐海内外同好，误以两君所采为拙著庐山真面，是以郑重声明于此"，反映了其在《商君书》研究上的精益求精。此篇为未完之作，仅有第一编《绪论》（包括五章，涉及《商君书》研究的五大问题），既有对旧作的吸纳，也有其新见。

（五）骆鸿凯《文始笺》

骆鸿凯（1892—1955），一名苍霖，字绍宾，号彦均，湖南长沙人。北京大学文科中国文学门毕业，师从黄侃。历任南开大学、国立北平师范大学、国立北京女子师范大学、暨南大学、武汉大学、河北大学、湖南大学、湖南师范学院等校教授。著有《文选学》《楚辞通论》《尔雅论略》等。

---

① 以上介绍参考《国闻周报》第三十三期所刊《时人汇志·王启湘》，1933年8月21日出版。

　　《文始笺》是对章太炎《文始》的笺释之作，首刊于《文哲丛刊》。《文始》是章太炎在小学研究方面极为重要的著作，章氏自己对此书评价颇高，在 1914 年 5 月 23 日与龚宝铨信中称"所著数种，独《齐物论释》《文始》，千六百年未有等匹"①，骆鸿凯在《文始笺》之《题记》中也高度评价《文始》："自是书出，学者始知中国文字虽极繁穰，而语根尽于初文数百。因端竟委，以简驭纷。自许书以来，未有若斯之懿也。"《题记》又称："鸿凯久从蕲春黄先生（指黄侃）问故，得通字例之条；复亲承公（指章太炎）教，窥其著书之指。持此（指《文始》）讲授，亦即有年，覃精研思，久而始悟，乃有斯《笺》之作。中于公书，增补者三千余事。心有所疑，亦僣举以质证。"可见《文始笺》是骆鸿凯日常授课所得，而每引据其师黄侃观点，也是对章黄学术的继承。

　　《文始笺》总计《叙例》一卷、正文九卷，发表在《文哲丛刊》上的为第一卷中的前半部分，即"歌泰寒类"中的"阴声歌部甲""阴声泰部乙"。其后，骆鸿凯又在《国立湖南大学期刊》新一号发表《文始笺五则》，增补"阴声泰部乙"五则；在国立师范学院编印的《国师季刊》第十四期（1942 年 4 月 30 日出版）发表《文始笺五则》，增补"阴声歌部甲"一则、"阴声泰部乙"二则、"阳声寒部丙"二则。此外，湖南图书馆藏有湖南大学石印本《文始笺》，赵乾男、王文晖整理后发表在《传统中国研究集刊》第十八辑（上海社会科学院出版社 2018 年版），总计 391 条。查其内容，即《文始笺》第一卷之全部，较《文哲丛刊》等本，内容更为丰富。

---

　　①　马勇编《章太炎书信集》，河北人民出版社，2003 年，第 586 页。

（六）吴绍熙《六十年来心理学之演变》

吴绍熙，生卒年不详，湖南长沙人。毕业于日本东京帝国大学大学院，曾任教于暨南大学、湖南大学等校。著有《内分泌与心理学》，编有《心理学纲要》《教育心理学》，译有《变态心理学原理》等。

《六十年来心理学之演变》首刊于《文哲丛刊》，是对自 1879 年冯德建立心理实验室以后的六十年间心理学发展演变的概论，其中重点介绍了以冯德为代表的构造心理学、以伯伦塔鲁为代表的奥国学派、以颜格尔为代表的机能心理学、以瓦特森为代表的行为主义、以维特汉默为代表的完形心理学等几大主流学派，并涉及以麦独戈尔为代表的目的心理学、以弗洛伊德为代表的精神分析学派等。相关介绍言简意赅，娓娓道来，是一篇简明心理学发展史。

二、文录

（一）李肖聃《顾亭林评传叙》《罗庶丹墓表》

李肖聃（1881—1953），原名犹龙，号西堂，笔名星庐、桐园等，以字行，湖南长沙人。毕业于日本早稻田大学，主笔《中国日报》，曾担任梁启超秘书，后任教于湖南大学、民国大学等校。著有《湘学略》《星庐笔记》等。

《顾亭林评传叙》是李肖聃为湖南衡阳学者何贻焜（1908—1959）的《顾亭林先生评传》所作的序言，首刊于《文哲丛刊》。何贻焜所著后由正中书局于 1944 年 4 月出版，收入该社"国学丛书"系列，题为《亭林学术述评》，书前附有李肖聃该叙，文字略作改易，落款题"二十九年四月二十四日"。《顾亭林评传叙》后来又收入《李肖聃集》，题为《〈亭林评传〉序》，文字也多有不同。《顾亭林评传叙》将顾炎武放置在中国学术史进程中，肯定其学术价值，同时表彰何贻焜著述之勤，认为"群士览此，可不迷于所向"，也对其提出了更高的期望。

《罗庶丹墓表》是李肖聃为好友罗焌所作墓表，首刊于《文哲丛刊》。罗焌（1874—1932），字庶丹，别号排山，又号湘中琳琅馆主，湖南长沙人，曾任教于湖南大学，著有《诸子学述》《经子丛考》《琳琅山馆诗文联集》等。罗焌去世后，李肖聃曾为其作《罗君事述》（1932 年 3 月）、《罗庶丹〈诸子学述〉序》（1934 年 8 月），两篇均载于罗焌《诸子学述》（商务印书馆 1935 年版）。李肖聃至辰溪后，"感念亡友，思有以识于其墓"，于是作此篇，以表纪念。《罗庶丹墓表》概述罗焌生平著述，感叹其英年早逝。此外，李肖聃还作有《罗庶丹墓志铭》（收入《李肖聃集》），可与《罗庶丹墓表》相参看。

（二）王啸苏《中国文学史序》

王啸苏（1882—1960），名竞，号疏庵，以字行，湖南长沙人。清华研究院肄业，曾任教于湖南大学、湖南师范学院等校，湖南省文史研究馆馆员，著有《疏庵诗稿》等。

《中国文学史序》是王啸苏为李肖聃《中国文学史》所作的序文，首刊于《文哲丛刊》。《中国文学史》为李肖聃在湖南大学讲授"中国文学史"课程之讲义，湖南图书馆藏有稿本一册，原题为"唐代文学"，后改作"近古文学史"，即《中国文学史》讲义之唐代部分。湖南图书馆另藏有国立湖南大学石印本《中国文学史》（索书号：48/239），存第一、第四、第五册，版心分别题"中国文学史""中古文学史""辽宋元明文学史"，虽未标示作者，但从其行文体例来看，即为李肖聃所著。王啸苏指出，李肖聃《中国文学史》具有三大特点，即"树义之正""取材之慎""持论之通"，并分别分析。此篇以骈文写成，文采斐然，也可见王啸苏之文学功底。

（三）杨树达《春秋大义述自序》

《春秋大义述自序》是杨树达为其所著《春秋大义述》所作的序文，首刊于《文哲丛刊》。《春秋大义述》后由商务印书馆于 1943 年 12 月出版，杨树达自序落款为"民国二十九年二月二十五日"，与其日记记载相合。《春秋大义述》是抗战背景下之作，"欲令诸生严夷夏之防，切复雠之志，明义利之辨，知治己之方"，以此砥砺民族气节，具有极强的时代背景特色。

三、五溪诗社诗词录

五溪诗社是由杨树达、曾运乾、陈兆畴、吴绍熙等湖南大学教师组织的文学宴集团体。所谓五溪，如《后汉书》李贤注引郦道元《水经注》："武陵有五溪，谓雄溪、横溪、酉溪、沅溪、辰溪。"湖南大学避寇辰溪，故诸教授即以"五溪"来为诗社命名。根据杨树达《积微翁回忆录》1940 年 4 月至 10 月日记可知，五溪诗社共计七次宴集。[①] 另据杨树达 1940 年 7 月 10 日日记："余熙农送油印本《五溪诗社诗集》来。"[②] 可知当时已有汇编。收录在《文哲丛刊》中的《五溪诗社诗词录》，即是对湖南大学同仁七次宴集作品的选录。

《五溪诗社诗词录》分为《诗录》和《词录》，并以作者的年齿为序进行排列。《诗录》先后收录柳大谧、王时润、李肖聃、刘异、

---

① 杨树达《积微翁回忆录 积微居诗文钞》，第 157—164 页。
② 杨树达《积微翁回忆录 积微居诗文钞》，第 160 页。

王竞（即王啸苏）、曾运乾、杨树达、易鼎新、骆鸿凯、熊正理、曾昭权、谭云鹤、陈兆畴、吴绍熙、刘乾才、陈耀南、余肇纯、邱毅等人的诗作86首，《词录》先后收录刘异、王竞、曾运乾、曾昭权、谭云鹤、陈兆畴、吴征铠等人的词作12首，总计作者19人、作品98首。诸作者之中，柳大谥、王时润、李肖聃、刘异、王竞、曾运乾、杨树达、骆鸿凯、陈兆畴、吴绍熙、余肇纯均任教于文学院，熊正理、谭云鹤、陈耀南、邱毅、吴征铠任教于理学院，易鼎新、曾昭权、刘乾才任教于工学院，可谓集结了当时湖南大学各院系的文学创作力量。

对于高等院校来说，展示学术成果、编辑出版学术刊物是其中应有之义。民国时期的湖南大学出版有多种学术刊物，除《湖大期刊》《湖南大学期刊》《湖南大学季刊》等综合性刊物外，还有各院系和学生组织的专门刊物，如中国文学会主办的《员辐》集刊。相较于其他刊物，《文哲丛刊》的出版，有着深刻而鲜明的时代背景。杨树达所作《发刊词》称：

> 抗战军兴，普天同愤。吾辈书生，方以不能执戈卫国为耻，而何暇有事于文哉！……今者抗战建国之大业未终，前敌将士枕戈效死，不遑寝处，吾辈优游坐诵，已为可愧，若犹自怠其所业，将何以对国人？诗人之言曰："无已太康，职思其居。"吾人于流离播越之余，自忘其不贤之识小，而欲有所靖献于国人者，亦聊示吾人之不忘其居而已。邦人君子，幸进而教之。

在抗战建国的大形势之下，身处高校的学人，虽不能上阵杀敌，但仍可通过传道授业解惑来实现学术价值和社会价值的薪火相传，利用自己的专业知识为抗战建国贡献一份力量。《文哲丛刊》中所收录的各篇文章，也体现出对这一观点的认同。如王时润《商君书研究》称："吾国处此外患紧迫之时，西北、西南各省，均亟待开发。当局者苟能取商君所言，神而明之，以为今日急则治标之政策，或亦不无小补也。"杨树达《春秋大义述自序》称："自知学识暗陋，不足以明先圣之志于万一，顾念经术之就衰，痛岛夷之猾夏，宁敢以固陋自废，而不诵其所闻？"又如陈兆畴《十月十一日湖大被炸》、刘乾才《十月十一日校舍被灾感赋》均记载日寇轰炸之事，可为抗战诗史；曾运乾《琐窗寒》词中的"更丁令飞遍九州，人民城郭今在否"，凸显出对家国百姓安危的担忧；李肖聃《五溪二集题词》"明年战胜中原定，一舸浮江载稿还"、杨树达《再答雨生》"欲待时平庐阜去，相携凝睇大江东"则表现出对抗战终将胜利的乐观态度。凡此种种，都将这种忧患意识和报效家国的情感灌注其中。

另一方面，《文哲丛刊》又是此一时期湖南大学文科学术力量的集中体现。在作者群体中，有音韵、文字学家曾运乾、杨树达、骆鸿凯，诸子学研究者王时润，也有哲学家黄子通，心理学家吴绍熙，文学家李肖聃、王啸苏等，均为民国学术、文学界的一时之选。选入《文哲丛刊》的论文、文章，既有传统的音韵学、文字学、训诂学、诸子学研究，也有注重新材料的甲骨文研究，更有主动与西方哲学相对比的孔子哲学研究、关注世界最新研究成果的心理学研究，充分体现出了二十世纪三四十年代湖南大学的文科实力。至于五溪诗社诸同仁所创作的诗词，作为当时高校知识分子的集体唱和，也具有文学研究价值。因这些成果大多未经整理，未能引起学术界的关注与进一步研究。

　　本次对《文哲丛刊》的整理，以武汉大学图书馆、复旦大学图书馆藏本为底本。底本不作修改，凡存有疑问处，仅出校记说明。凡作者及当时用词习惯，如"芦沟""落伽山""先零"；或原文内部语词未能统一，如"赋与""赋予"、"连系""联系"、"奖厉""奖励"、"叫作""叫做"、"部分""部份"之类，也不作改动。原书引文一一核对，但鉴于当时作者未必照原书如实引用，故其中无关要旨者不再别出校记。原书为繁体竖排，本次整理改为简体横排，繁体字、异体字均改为对应的规范字，但曾运乾、杨树达、骆鸿凯三篇论文，为音韵、文字、训诂学之论著，凡是涉及文字解释，或改动后损失原义者，则仍保留其原貌，不再另行说明。原书后有刊误表，改正正文错误四十处，整理时据之径改，不再出注说明。

　　本次整理，得到了同济大学人文学院赵成杰，湖南大学文学院向铁生、王先云、王安琪以及湖南师范大学图书馆刘雪平、殷榕、熊婷婷、杜晴雯等师友的帮助，在此一并致谢。限于整理者学力，其间容有错讹之处，尚祈不吝指正，以待将来修订。

翟新明　于湖南大学文学院

2023 年 7 月

目　次

发刊词

抗战军兴，普天同愤。吾辈书生，方以不能执戈卫国为耻，而何暇有事于文哉！然作战四年，张脉偾兴之寇，已陷于进退维谷之穷途，而吾全国上下，冒万难、出万死，以与夷虏相枝拒，不屈于威武，不阻于艰屯，虽疆土未遽复，而全民刚毅贞坚之德，已大显于薄海。环顾欧洲，彼以优秀著称之民族如法兰西者，雄师压境，不二月而俯首为城下之盟。东西相映，强弱较然。于是碧瞳黄发之伦，向来视中华为无有者，乃相顾骇诧惊叹。究其所以，呜呼，此固由于我祖宗贻留之厚，元戎筹策之精，而二千年来先圣先贤之教泽，所以沦肌浃髓者，宁非其大因哉！庄生曰："无用之用大矣。"信矣哉，信矣哉！然则吾辈直当以不能为愧耳，不当以无用自沮也。今者抗战建国之大业未终，前敌将士枕戈效死，不遑寝处，吾辈优游坐诵，已为可愧，若犹自怠其所业，将何以对国人？诗人之言曰："无已太康，职思其居。"吾人于流离播越之余，自忘其不贤之识小，而欲有所靖献于国人者，亦聊示吾人之不忘其居而已。邦人君子，幸进而教之。

专 著

古本音齐韵当分二部说

曾运乾

顾炎武《古音表》分《广韵》支、脂、之、微、齐、佳、皆、灰、咍为一部，真、谆、臻、文、欣、元、魂、痕、寒、桓、删、山、先、仙为一部；江永《古音标准》分真、谆、臻、文、欣、魂、先别为一部；段玉裁《六书音均表》又析真、臻、先与谆、文、欣、魂、痕为二。以音审之，顾《表》之真以下十四部为一部，江氏析而二之，段氏析而三之，析之是也。顾《表》之之①以下九部为一部，段氏析而三之，之、咍为一部，支、佳为一部，脂、微、齐、皆、灰为一部，析之亦是也。惟之、咍为蒸、登之阴声，支、佳为青、清之阴声，与真以下十四部无涉。其相当、相对者，惟脂、微、齐、皆、灰及歌、戈、麻二部，与真、臻、先，谆、文、欣、魂、痕及元、寒、桓、删、山、仙三部相对。戴氏与段书论之云："江先生分真已下十四韵为二，今又分真已下为三，而脂、微、齐、皆、灰不分为二。"盖讥其阳声三部，而阴声只分二部也。戴氏于是仍并真、臻、先、谆、文、欣、魂、痕为一部，与脂、微、齐、皆、灰相对。孔广森、严可均从之。今按：段氏知真已下九部之当分为二，而不悟脂、微、齐、皆、灰亦当分为二；戴氏不知脂、微、齐、皆、灰之当分为二，乃反疑真已下九部之当并为一，尚非真知古韵部分者也。考脂、微、齐、皆、灰当分二部，《诗三百篇》虽未分用划然，固已各成条理。齐之入为屑、质、栉，灰之入为没、术、迄、物、黠，则固毫不相混矣。齐与先对转，故陆《韵》以屑配先；灰与魂、痕对转，故陆《韵》以没配痕，最合音理。今试分举两系形声声母，及《诗经》韵为证于次。

齐脂皆微之半部，今称衣摄

喉声　　衣　戉　伊　医

牙声　　皆　几　禾　卟　岂　幾　系　希　亡　癸　启　叠　口　火　殴

---

① "之"，曾运乾《广韵研究讲义》《文字学讲义》同，郭晋稀整理《音韵学讲义》改为"支"。据前文，当改。

舌声　示 夷 旨 尼 犀 犀 氐 𣦵 夂 尸 豕 利 㳄 尒
　　　　豊 弟 矢 二 履

齿声　厶 齐 师 宋 次 此 兕 死 妻

唇声　匕 比 米 美 尾

入声屑质栉部，今称衣入

喉声　壹 抑 一

牙声　吉 穴 血 肸

舌声　至 失 疐 替 实 日 栗 屮 彻 逸 㼽 耴 銍 设
　　　　夳 戾 鼚

齿声　疾 七 卪 桼

唇声　必 毕 匹

阳声先真臻部，今称因摄

喉声　因 胤 印

牙声　臣 匀 敊 壺 玄 弦 臀 丨 巹 衍 馬

舌声　真 㐱 尘 㒳 申 闰 人 寅 胤 引 夊 粦 令 田
　　　　仁 奠 天

齿声　聿 晉 秦 玭 辛 㮮 鲜 旬 信 卤 千

唇声　命 民 宋 频 丏 便 扁 羍

诗韵证 平入通用者作丶；旁转者作〇；阴阳对转者作△；旁对转作●。

一、衣摄

妻飞喈《葛覃》　归私衣同上　尾毁毁迻《汝坟》　祁归《采蘩》　菲体死《谷风》　迟违迻畿茡弟同上　沛袮弟姊《泉水》　炜美《静女》　泚弥鲜《新台》　指弟《蜉蝣》　体礼礼死《相鼠》　济闳《载驰》　颀衣妻姨私《硕人》　黄脂蛴犀眉同上　衣归《丰》　凄喈夷《风雨》　晞衣《东方未明》　济泲弟《载驱》　弟偕死《陟岵》　比仳《杕杜》　凄晞湄跻坻《蒹葭》　衣师《无衣》　迟饥《衡门》　陑饥《候人》　蓍师《下泉》　火衣《七月》　迟祁同上　火苇同上　尾几《狼跋》　韠弟《常棣》　骙依腓《采薇》　依霏迟饥悲哀同上　迟萋喈祁归夷《出车》　偕近迻《杕杜》　鳢旨《鱼丽》　旨偕同上　泥弟弟岂《蓼萧》　晞归《湛露》　栖骙《六月》　仳柴《车攻》　矢兕醴《吉日》　师氏维毗迷师《节南山》　夷违同上　訿哀违依底《小旻》　麋阶伊几《巧言》　匕砥矢履视涕《大东》　栋哀《四月》　喈湝《鼓钟》　尸归迟弟私《楚茨》　穉火《大田》　凄祁私穉穧同上　茨师《瞻彼洛矣》

几几《间关》① 旨偕《宾之初筵》 礼至同上 尾岂《鱼藻》 维葵脆戾《采菽》

济弟《旱麓》 妻弟《思齐》 惟脂《生民》 苇履体泥弟迩几《行苇》 依济几依《公刘》 姜喈《卷阿》 懠毗迷尸屎葵资师《板》 騤夷黎哀《桑柔》 资疑维阶同上 騤喈齐归《烝民》 鸥阶《瞻仰》② 几悲同上 秭醴妣礼皆《丰年》 济积秭醴妣礼《载芟》 师师《酌》 依迟《閟宫》 违齐迟跻迟祗围《长发》

二、衣入

实室《桃夭》 袺襭《芣苢》 七吉《摽梅》 曀曀寐嚏《终风》 节日《旄丘》 日室栗漆瑟《定之方中》 日疾《伯兮》 实噎《黍离》 室穴日《大车》 栗室即《东门之栗》 日室室即《东方之日》 漆栗瑟日至③《山有枢》 七吉《无衣》 日室《葛生》 漆栗瑟鬈《车邻》 穴慄《黄鸟》 耊结一《棘人》 实室《丧楚》 七一一结《鸤鸠》 实室《东山》 垤室窒至同上 实日《杕杜》 至恤同上 逸彻逸《十月之交》 血疾室《雨无正》 恤至《蓼莪》 泌室《瞻彼洛矣》 秩旨偕设逸《宾之初筵》 抑怭秩同上 实吉结《都人士》 肄漆穴室《绵》 淢匹《文王有声》 栗室《生民》 逸秩匹《假乐》 密即《公刘》 疾戾《抑》 恣恤《桑柔》 挃栗桎室《良耜》

三、因摄

蓁人《桃夭》 蘋滨《采蘋》 渊身人《燕燕》 洵信《击鼓》 薪人《凯风》 榛苓人人人《硕人》④ 天人《柏舟》 零人田人渊千《定之方中》 人姻信命《蝃蝀》 薪申《扬之水》 田人人仁《叔于田》 溱人《褰裳》 薪人信《扬之水》 颠令《东方未明》 田人《甫田》 令仁《卢令》 粼人《扬之水》 薪天人人《绸缪》 苓颠信《采苓》 邻颠令《车邻》 天人身《黄鸟》 榛人人年《鸤鸠》 薪年《东山》 駰均询《皇华》 田千《采芑》 天千同上 渊阗同上 天渊《鹤鸣》 年溱《无羊》 亲信《节南山》 领骋《正月》⑤ 电令《十月之交》 天人同上 天信臻身天《雨无正》 天人人《小宛》 陈身人天《何人斯》 翩人信《巷伯》 天人人同上 薪人《大东》 天渊《四月》 滨臣均贤《北山》 尘痻《无将大车》 尽引《楚茨》 甸田《信南山》 田千陈人年《甫田》 令⑥屏《桑扈》 榛人《青蝇》

---

① 《间关》，即《小雅·车舝》。
② "瞻仰"，应作"瞻印"。下同。
③ "至"，《山有枢》作"室"。
④ "硕人"，应作"简兮"。
⑤ 以上二字出自《节南山》。
⑥ "令"，《桑扈》作"领"。

命申《采菽》　　天臻矜《菀柳》　　田人《白华》　　薪人同上　　玄矜民《何草不黃》

天新《文王》　　躬天《文王》　　天人《棫朴》　　天渊人《旱麓》　　民嫄《生民》　　坚

钧均贤《行苇》　　壸胤《既醉》　　人天命申《假乐》　　天人命人《卷阿》　　旬民填天

矜《桑柔》　　翩民①烬频同上　　天人臻《云汉》　　天神申同上②　　田人《崧高》③　　身

人《烝民》　　甸命命《韩奕》　　人田命命年《江汉》　　田人《瞻仰》　　替引频《召旻》

天人《清庙》　　人天《雍》

灰全脂皆微之半部，今称威摄

喉声	威	畏	委				
牙声	鬼	归	夔	褢	回	虫	赘
舌声	遗	自	雷	妥	佳	水	
齿声	衰	夊	崔	奞	皋		
唇声	飞	枚	非	眉	妃	肥	散

入声没物迄黠部，今称威入

喉声	郁	尉											
牙声	气	旡	臾	弃	胃	位	慧	喜	惠	采	屵	叹	器	豙
	忍	继	计	彙	骨	回	叟	季						
舌声	未	希	四	復	隶	对	内	向	聿	秝	戛	充	突	颣
	豙	出												
齿声	卒	率	崇	敊	自	彐								
唇声	未	宋	孛	戫	丿	屮	笔	弗	曼	鼻	勿	尚	由	彪④
	闭	弼	辔	闉										

阳声痕魂欣谆山文部，今称咠摄

喉声	咠	殷	昬	壼	乚	堊							
牙声	困	艮	鲧	君	员	翼	鲲	昆	云	巾	堇	军	斤	熏
	筋	蚰	困	袞	圂									
舌声	辰	臺	川	仑	盾	屯	刀	典	乡	豚	舛	疢	屍	尹
	隼	允												
齿声	先	西	孙	存	寸	尊	飧	荐						
唇声	门	班	分	昏	頖	免	芫	粪	文	豩	焚	奋	本	吻
	虋	蠠												

---

① "民"，《桑柔》作"泯"。

② 以上三字出自《嵩高》。

③ "崧高"，应作"嵩高"。下同。

④ 此后原空一字，据曾运乾《广韵研究讲义》《文字学讲义》，应为"乀"，当据补。

诗韵证

一、威摄

嵬陒罍怀《卷耳》 累绥《樛木》 枚饥《汝坟》 薇悲夷《草虫》 微衣飞《柏舟》 飞归《燕燕》 雷寐怀《终风》 微归《式微》 敦遗摧《出自北门》 喈霏归《北风》 怀归《扬之水》 怀畏《将仲子》 崔绥归归怀《南山》 唯水《敝笱》 衣悲归《棘人》① 悲归《七月》 归悲枚《东山》 畏怀同上 飞归同上 衣归悲《九罭》 骓迟归悲《四牡》 骓归同上 威怀《常棣》 薇归《采薇》 萋悲萋悲归《杕杜》 累绥《嘉鱼》 煇雷威《采芑》 飞跻《斯干》 微微哀《十月之交》 威罪罪《雨无正》 威罪《巧言》 颓怀遗《谷风》 嵬萎怨同上 腓归《四月》 悲回《鼓钟》 摧绥《鸳鸯》 蔂枚回《旱麓》 罍归《泂酌》 坏畏《板》 推雷遗畏摧《云汉》 郿归《崧高》 回归《常武》 追绥威夷《有客》 飞归《有駜》 枚回《閟宫》

二、威入

肄弃《汝坟》 塈谓《摽梅》 出卒述《日月》 溃肄塈《谷风》 纸四界《干旄》 遂悸《芄兰》 穗醉《黍离》 季寐弃《陟岵》 棣樻醉《晨风》 萃讯《墓门》 役苇《候人》 旆瘁《出车》 苗率《采芑》 惠戾届阋《节南山》 退遂瘁讯答退《雨无正》 出瘁同上 嘒淠届寐《小弁》 蔚瘁《蓼莪》 律弗卒同上 穗利《大田》 淠嘒泗②届《采菽》 爱谓《隰桑》 卒没出《渐渐之石》 妹渭《大明》 对季《皇矣》 类君比同上 萃仡肄忽拂同上 旆穟《生民》 匮类《既醉》 位塈《假乐》 溉塈《泂酌》 类怼对内《荡》 寐内《抑》 僾逮《桑柔》 隧类对醉悖同上 利遹同上 惠厉瘵届《瞻卬》 类瘁同上

三、晶摄

诜振《螽斯》 麕春《野有死麕》 缗孙《何彼秾矣》 门殷贫艰《北门》 洒浼殄《新台》 奔君《鹑之奔奔》 阴贫《氓》 湄昆昆闻《葛藟》 哼瞵奔《大车》 顺问《女曰鸡鸣》 门云云存巾员《出其东门》 鳏云《敝笱》 轮漘沦囷鹑飧《伐檀》 群镇菀《小戎》 勤闵《鸱鸮》 晨辉旂《庭燎》 群犉《无羊》 邻云殷

---

① "棘人"，应作"素冠"。
② "泗"，《采菽》作"驷"。

《正月》 先堲忍陨《小弁》 艰门云《何人斯》 云雰《信南山》 芹旐《采菽》

殄愠陨问《绵》 鲜熏欣芬艰《凫鹥》 训顺《抑》 殷辰东当作西瘇《桑柔》 川

焚熏闻遁《云汉》 云门《韩奕》 耘畛芹旐《泮水》

　　依上所证，衣摄旁转入威摄者，有几、衣、夷、皆、犀、妻、齐七声字；威摄旁转入衣摄者，有飞、归、眉、非、隹五声字，两部似可通用。然如《谷风》之迟、违、逝、畿、荠、弟，《大东》之匕、砥、矢、履、视、涕六字连用；《行苇》之苇、履、体、泥、弟、迩①、几，《长发》之违、齐、迟、跻、迟、祗、围七字连用；《板》之懠、毗、迷、尸、屎、葵、资、师八字连用，固不杂入威摄字。《卷耳》之崔、隤、罍、怀四字连用，《南山》之崔、绥、归、归、怀五字连用，《云汉》之推、雷、遗、遗、畏、摧六字连用，亦不杂入衣摄字。故曰：《诗三百篇》虽未分用划然，固亦各成条理矣。

　　今人以《广韵》之灰代表威摄，此无可议者也。而以《广韵》之齐代表娃摄，为支、隹之古本音，此实得半之道。考《广韵》齐部凡三百三十五字，应入衣摄者一百六十二字，应入娃摄者一百四十五字。混入他部之字不计。上声荠凡一百十字，应入衣摄者九十字，应入娃摄者仅十九字。去声霁韵凡二百五十四字，应入衣摄或衣入者一百零二字，娃摄或娃入四十八字。混入他部字并不计。是齐部实当为娃、衣两摄之鸿声侈音。至娃摄之细声弇音，为支、纸、寘中四类之二。支、纸、寘三韵各分四类，齐齿、撮口各二，二呼属娃摄，二呼属阿摄。衣、威两摄之细声弇音，则同为脂、旨、至。考脂部原分三类，凡切语下一字用肌、脂、夷、私、资、尼六字者，为衣摄齐齿呼；葵一字，为衣摄撮口呼；以无同类之字，用威摄撮口呼追字为切。其用追、隹、绥、眉、维、悲、遗七字者，则威摄撮口呼。旨部亦分三类，凡切语下一字用几、履、已、雉、视、姊、矢七字者，为衣摄齐齿呼；用癸者，为衣摄撮口呼；癸，居诔切，亦借威摄撮口呼字为切。其用轨、洧、美、水、垒、诔、累、鄙八字者，则威摄撮口呼。去声至亦分三类，凡切语下一字用冀、利、器、至、自、四、二、寐八字者，为衣摄齐齿呼；用季、悸者，为衣摄撮口呼；弃，诘利切，借齐齿呼字。其用位、愧、萃、类、醉、遂、媚、备、秘九字者，威摄撮口呼。是《广韵》于娃、衣两摄之鸿声侈音，虽混为一，而于娃、衣、威三摄之细声弇音，则固分别甚严也。颇疑陆法言制《切韵》时，齐韵原分两部，一为娃摄之鸿声侈音，一为衣摄之鸿声侈音。后人因其音近，并为一部，如歌、戈合一，寒、桓合一之比。不然，《广韵》于细声弇音之支、纸、寘及脂、旨、至，不必剖判入微若此也。此虽无明显证据，然《唐韵》韇、杉两字别为一部，今《广韵》混入齐部，则其遗迹之仅存者也。

---

① "迩"，《行苇》作"尔"，兼通。

《切韵》原序云："支、脂、鱼、虞，共为一韵。"鱼、虞之别，今所共知；支、脂之别，世多未晓。段玉裁分之、脂、支为三，以为独得胸襟，不知支尚当分系娃、阿，脂亦当分系衣、威也。此后人研究《切韵》者，所当究心者也。

古韵自黄侃分二十八部，豪部有入，萧部无入。钱玄同修正之，谓萧部有入，豪部无入。余谓依古韵例，豪、萧二部，皆当有入。萧部以沃部为入，固不待言；豪部之入，《广韵》虽未特立专部，然如敫、虐、崔、卓、勺、皀、弱、龠、乐、户、翟、休、挈、雀、爵各声，固皆豪部入声字。陆法言求豪部对转之阳声不得，遂举豪入之侈音配入东类，为江韵之入声；又举其弇音配入唐类，为阳韵之入声，不得已而为此侧寄之韵，斯陆氏之疏也。今定古韵为三十部，其二十九部与前人同，不具论；其异者，独齐部分为两部耳。谱其韵目如下。

	阴声		入声		阳声	
一、	噫摄	咍	噫入	德	膺摄	登
二、	娃摄	齐半	娃入	锡	婴摄	青
三、	阿摄	歌	阿入	曷	安摄	寒
四、	衣摄	齐半	衣入	屑	因摄	先
五、	威摄	灰	威入	没	昷摄	痕
六、	乌摄	模	乌入	铎	鸯摄	唐
七、	讴摄	侯	讴入	屋	邕摄	东
八、	幽摄	萧	幽入	沃	宫摄	冬
九、	夭摄	豪	夭入	觉		
十、			音入	合	音摄	覃
十一、			奄入	帖	奄摄	添

若依《广韵》二百六部之正变侈弇、开合齐撮，与古韵三十部相傅合，则得下表。

阴声九部表

韵摄	正韵		变韵	
	侈音	弇音	侈音	弇音
噫摄	咍海代 开	之止志 齐		
娃摄	齐半荠半霁半 开合	支半纸半寘半 齐撮	佳蟹卦 开合	
阿摄	歌哿个 开 戈果过 合 附泰 开合	支半纸半寘半 齐撮 附祭 齐撮	麻马祃 开合 附夬 开合	麻马祃 齐 附废 撮
衣摄	齐半荠半霁半 开合	脂半旨半至半 齐撮	皆骇怪 开	微尾未 齐
威摄	灰贿队 合	脂半旨半至半 撮	皆骇怪 合	微尾未 撮
乌摄	模姥暮 合	鱼语御 撮	麻马祃 开合	麻马祃 齐
讴摄	侯厚候 开	虞麌遇 齐		
幽摄	萧筱啸 开	尤有宥 齐		幽黝幼 齐
夭摄	豪皓号 开	宵小笑 齐	肴巧效 开	

阳声十部表 入声十一部附

韵摄	正韵		变韵	
膺摄	登等嶝德 开合	蒸拯证职 齐撮		
婴摄	青迥径锡 开合	清静劲昔 齐撮	耕耿诤麦 开合	
安摄	寒旱翰曷 开 桓缓换末 合	仙狝线薛 齐撮	删潸谏辖 开合	元阮愿月 齐撮
因摄	先铣霰屑 开合	真轸震质 齐撮 臻　栉 齐		
昷摄	痕很恨〇 开 魂混慁没 合	欣隐焮迄 齐 谆准稕术 撮	山产裥黠 开合	文吻问物 撮
鸯摄	唐荡宕铎 开合	阳养漾药 齐撮	庚梗映陌 开合	庚梗映陌 齐撮

续表

邕摄	东一董一送一屋一 开	钟肿用烛 齐	江讲绛觉 开	
宫摄	冬〇宋沃 合	东二董二送二屋二 撮		
音摄	覃感勘合 开	侵寝沁缉 齐撮	咸嫌陷洽 开	凡范梵乏 齐
奄摄	添忝桥帖 开 谈敢阚盍 合	盐琰艳叶 齐撮	衔槛鉴狎 开	严俨酽业 齐

读甲骨文编记

杨树达

顷暑中少事，校订近年所编《文字学》，时取龟甲文为之参证，遂颇涉甲文诸书。以孙海波君所为《甲骨文编》为最后出之甲骨字汇，便于寻览，反覆审读，时有蓄疑，遂生臆说，聊复记之，欲以质之于君子。惟所居僻陋，自《书契前》《后编》《戬寿堂殷虚文字》《殷契卜辞》四种外，时贤述作，庠序既无所储，私藏又不在行箧，无由省览。昔年旅居旧京，虽尝肄业及之，大半遗忘，不复省记。容有私见所及，时彦业已先明之者，俟大局枚平，群编在手，会当勘校，别加刊落尔。二十九年十月三日，树达写讫，记于辰溪陇头堖山中。

一卷三叶。礼字下云："此不从示，豊字重文。"按：《说文》之重文，一字有数形体也。此谓豊，又为礼字，乃一形体而兼数字之用，与《说文》之重文正相反。自吴大澂误用，近日作者遂皆沿之，违于理实矣。易云"豊下互见"可矣。

五叶下。祓。此祝史之史本字也。古史掌书，亦掌神事，故古人恒以史巫连文，《易·巽》九二云"用史巫纷若"是也。《疏》云："史谓祝史。"又以祝史连言，《左传》桓六年云："祝史正辞，信也。"又云："祝史矫举以祭。"《疏》云："祝官、史官。"又昭十七年云："夏六月甲戌朔，日有食之。祝史请所用币。"又昭二十年云："齐侯疥，遂痁，期而不瘳。诸侯之宾问疾者多在。梁丘据与裔款言于公曰：'吾事鬼神丰，于先君有加矣。今君疾病，为诸侯忧，是祝史之罪也。诸侯不知，其谓我不敬，君盍诛于祝固、史嚚以辞宾？'"又云："夫子之家事治，言于晋国，竭情无私。其祝史祭祝，陈信不愧。其家事无猜，其祝史不祈。"又庄三十二年云："秋七月，有神降于莘。……虢公使祝应、宗区、史嚚享焉。神赐之土田。"此皆祝史并司祭祀之事也。史又掌占筮之事。《左传》襄二十五年云："武子筮之，遇《困》之《大过》。史皆曰吉。"《国策·宋策》云："宋康王之时，有雀生鹯于城之陬，使史占之，曰：'小而生巨，必霸天下。'"《仪礼·少牢馈食礼》云："史朝服。"郑注云："史，家臣主筮事者。"是其事也。史主祭祀，又主占筮，其事皆涉鬼神，故甲文字从示作祓也。

盖袟之从示，犹祝字之从示矣。今经传皆用史字，许书亦不载袟文，其字遂晦而不见。向非甲文，世终不复知有此字矣。

二卷五叶上。牡字，或从羊作牂。<small>甲文从士，不从土。</small>今按：《尔雅·释畜》云："羊牡羒，牝牂。"《说文》四篇上羊部云："羒，牡羊也。从羊，分声。"则从羊者乃羒字，非牡字也。

又或从鹿作麈字，从鹿从士。按：《尔雅·释兽》云："鹿牡麚，牝麀。"《说文》十篇上鹿部云："麚，牡鹿也。从鹿，叚声。"知从鹿者乃麚字，非牡字。

五叶下。牝字下或从豕作豝。按：牛之牝者曰牝，鹿之牝者曰麀，麀与牝非同字也，则豝与牝亦不必同字也。《尔雅·释兽》云："豕牝豝。"《说文》九篇下豕部云："豝，牝豕也，从豕，巴声。"引《诗》曰："一发五豝。"然则豝盖豝字也。豝为会意字，孳乳为形声字则为豝。此犹麀为会意字，变为形声而字作麌矣。

又或从羊作牂。按：《尔雅·释畜》云："羊牡羒，牝牂。"《说文》四篇上羊部云："牂，牝羊也。从羊，爿声。"然则牂殆牂字也。

又或从马作駓。《尔雅·释畜》云："牡曰骘，牝曰騇。"駓殆騇字也。

八叶上。牮，盖衡字也。《说文》四篇下角部云："牛触横大木其角。从角从大，行声。"引《诗》曰："设其楅衡。"牮为会意字，变为形声则为衡矣。

十三叶下。㽅，盖即盅字也。《说文》五篇上皿部云："盅，器虚也。从皿，中声。"王静安云："ㅂ，象盛物之器。"<small>《戬寿堂殷虚文字考释》二十六叶下。</small>如其说，则㽅即盅字也。

十五叶下。崔，盖进字也。《说文》二篇下辵部云："进，登也。从辵，閵省声。"篆文从辵之字，甲文多从止。此犹《说文》辵部之近，古文作岓，但从止不从辵也。《附录》四十五叶下重录此字，应删。《附录》五十九叶下有𨑰字，亦即此字，但止字在下耳，当并入此下。

㱊字，原释㱊字，谓从止从丙。按：以三篇㐭字、商字证之，甲文内、丙二字形无别。今谓此字从止从内，非从丙也。㱊即今退字。《说文》二篇下彳部云："復，却也。从彳日夂。一曰行迟也。"或从内作㣤，又或作退，今作退。此字从止从内，与㣤字同。甲文从止，与彼从彳者无别也。

二十一叶上。逐字下或从鹿作麁。按：此盖逯字也。《说文》二篇下辵部云："逯，行谨逯逯也。从辵，录声。"甲文从鹿者，古鹿、录音同，多通作。《说文》五篇上竹部籙或作箓，六篇上林部麓或作樕，<small>本书有麓字，字亦从录。</small>十一篇上水部漉或作渌，并其证也。

二十二叶上。遳，疑是遄字。《说文》云："遄，往来数也。从辵，耑声。"峃、更古音同。

　　盦字，从向从止，原释逈。盖即鹠字也。《说文》二篇上止部云："鹠，距也。从止，尚声。丑庚切。"《说文》从尚，甲文从向者，以尚字从向得声故也。

　　孟字，从子从止。原释迁。按：已字甲文或作𠃑，或作𠂤，二字亦通作，如本书五篇十五叶下矩字凡二文，其偏旁一作𠂤、一作𠃑是也。甲文𠃑、𠂤二字篆文皆作𢎂，若然，则此字乃今之起字也。《说文》二篇上走部云："起，能立也。从走，已声。"或作起，云："古文起，从辵。"甲文从止，与从辵同。十五叶上𤲃字，商锡永云："亦是矩字。"是也。其字亦从𠃑。

　　昼字，从辰从止，原释遮。盖即跜字也。《说文》二篇下足部云："跜，动也。从足，辰声。"甲文从止，与从足同。

　　二十四叶上。徔，从彳从武。罗振玉释徯，商承祚谓即步武之武。达疑此字从辵，戈声，盖即今之过字也。卜辞云："辛巳，卜贞王徔于召，往来亡灾。"《殷契卜辞》四六乙。谓王过于召也。《吕氏春秋·异宝篇》云："五员过于吴。"高诱注云："过，犹至也。"

　　二十五叶上。徉。《玉篇》上彳部有此字，云："余章切，彷徉也。"

　　三卷四叶上。𢫦，盖摘字也。《说文》十二篇上手部云："摘，拓果树实也。从手，啻声。"甲文从奴，与篆文从手同。篆文从啻，甲文但从帝者，啻从帝得声故也。《诗·鄘风·君子偕老》云："象之揥也。"揥亦止从帝，与甲文同。

　　四叶下。鬱，疑即鬱字。《说文》五篇下鬯部云："鬱，芳草也。从臼冂缶鬯，彡其饰也。"甲文第从臼从鬯。大抵文字多初简而后繁，此类是也。

　　五叶上。覍，从爪从贝，或又从又从贝。此亦得字，当并入二篇得字下。与彼异者，彼从又在下，此从爪或从又在上耳。

　　十二叶上。敠，疑即敠字。《说文》云："敠，楚人谓卜问吉凶曰敠，从又持祟，祟亦声。"按：示部云："祟，神祸也。"神祸无手持之理，许说殊不可通。疑字本从贝，后讹为出，而许遂强说之耳。敠为卜问吉凶，字从贝，犹贞之从贝也；从示，谓问之于神也。

　　又㧈，即掊字。《说文》十二篇上手部云："掊，杷也。从手，咅声。"甲文从又，与篆文从手同。咅字从否声，否从不声。从不声与从咅声，形虽异而声实同也。又按：《玉篇》上手部有抔字："步侯切，手掬物也。"

　　十二叶下。杈，即杸字。《说文》六篇上木部云："杸，械也。从木手，手亦声。"篆文手字，甲文中甚少见，大抵皆作又字也。

　　十五叶上。启字下凡五十三文，其字体有三种，一从又从户者凡四十四字，从攴从户者一字，从又从户从口者凡八字。愚谓：甲文从又、从攴多无别，体异而义同。其字形皆为以手启户，攴字亦从又。此《说文》训开之字也。从口从又从户者，当为从口启声，此《说文》训教之字也。教者必以言，故字从口；教者发人之蒙，开人之智，与启户事相类，故字从攴也。许君知有启字而不知有攴字，故以开训启，而以从攴启声解启字，啓、榮、啓、緊皆误谓从啟省声，说形义既不剀切，说声又失之缴绕。至甲文固别有启字，此啟字之省作，不得据彼以难前说也。本书编次既据许书，许书无攴字，故此并攴、啟为一。若如余说，则攴、啟为二字矣。惟《附录》二十八叶又有四字从攴与此条第二十字同，从户与此条第三字、第五字、第九字同，而不并入此下，置之《附录》，失之。

十七叶上。戟，盖螯之省体也。《说文》十篇下卒部云："螯，引击也。从卒攴，见血也。"攴训击，卒为罪人，从攴从卒，引击之义已明。岂初字第作戟，后更加血欤？

四卷四叶上。臬，殆即梟字。《说文》六篇上木部云："梟，射准的也。从木，自声。"梟为矢之所集，故字或从矢，犹侯为射侯，字从矢矣。

十三叶下。仳，盖即雌字也。《说文》云："雌，鸟母也。从隹，此声。"篆文妣字，甲文止作匕。仳字从隹从匕，谓鸟之女性者也，故知即雌字矣。

雚下有𨿽字，云："或省吅。"按：《说文》云："萑，鸱属。从隹从丫，有毛角，所鸣其民有祸。"又云："雚，雚爵也。从萑，吅声。"据许说，萑、雚为二鸟，而雚字即从萑。甲文既有二字，与《说文》同，当别以不从吅者为萑字，乃为得之；并而一之，则二鸟无别矣。《殷契卜辞文编》四卷十一叶①谓雚不从吅，与此同误。

二十七叶上。刌，即剖字。《说文》四篇上②刀部云："剖，判也。从刀，音声。"此与篆文掊、甲文作环例同。

五卷八叶上。虝，云："从虎从田。"达按：《玉篇》下虍部有虖字，云："胡甲切，今作狎。"狎疑柙之误。甲文甲字与田相似，疑甲文本从甲不从田，即《玉篇》之虖字也。《玉篇》中木部亦有楬字，云："楬，槛也。胡夹切。"

八叶下。盂，原书云："盂方。"按：甲文屡言"盂方"。《尚书大传》云："文王受命，一年断虞芮之讼；二年伐邗。"此邗为商时国名，盂方盖即邗也。

九叶上。𥂎，盖觯字也。《说文》四篇下角部云："觯，乡饮酒角也。从角，单声。"或作觝，云："《礼经》觯。"甲文从皿者，以其为饮器也。

𥂎下又有𥁀字，上从瓜，不从氏，疑其为觚字也。《说文》四篇下角部云："觚，乡饮酒之爵也，一曰觞受三升者谓之觚。从角，瓜声。"甲文从皿不从

---

① 此字在《殷契卜辞文编》第四卷第十一叶下，当补"下"字。

② "剖"字在《说文》四篇下，当改"上"为"下"。

角，意与盝同。又按：从氏下有，乃氐字，盝字即《说文》之薀也。《说文》一篇下艸部云：“菧，菹也。从艸，泜声。”或作薀。薀从皿，泜声，甲文省水从氐声耳。二说皆可通，故并存之。

十五叶上。矪，乃镝字也。《说文》十四篇下[①]金部云：“镝，矢锋也。从金，啇声。”以其为矢锋，故甲文字从矢。篆文从啇声，甲文但从帝声。然啇实从帝声，二者形异而声则同也。此与篆文掊、剖从咅，甲文作坏、利者，为例正同，皆甲文字简、篆文字繁也。

十五叶下。矣，盖即疑字也。《说文》十四篇下子部云：“疑，惑也。从子止，矢声。”段氏云：“当从止声。”愚以甲文字形求之，矢附于足，足不能行，疑盖碍之初文也，惑乃引申义耳。

十七叶下。啚字作，又有作不从口者，凡四字。则亩字也。盖啚字从口从亩，有口者为啚，无口者为亩也。并而一之，则亩、啚二文无别矣。

六卷二叶上。梳凡三字，二字从虍作虡，一作虡，皆即樗字也。《说文》六篇上木部云：“樗，樗木也，以其皮裹松脂，从木，虖声，读若华。”虍、虎、虖音皆同。

七卷三叶上。，原释晕。愚按：此昼字也，字象日旁有光气之形。

四叶上。旋，疑是旃字。《说文》云：“旃，旌旗之流也，从㫃，攸声。”按：三篇下攴部攸或省作汥。甲文盖从汥，又省去水字耳。

九叶上。多。《说文》谓重夕为多，义殊不显。今观甲文所从并非夕字，其形与祭字、俎字所从肉字同，知多字从重肉，非从夕也。肴肉重叠，故为多尔。许君误从肉为从夕，犹有字误从肉为从月也。然非有甲文为证，则此字殆不可知。甲文有助于文字，此其一事矣。

十一叶上。鬻，即酱字也。《说文》十四篇下酉部云：“酱，醢也。从肉从酉，酒以龢酱也，爿声。”古文作牆，籀文作䪝。按：甲文从鼎，犹籀文从皿也。又按：《玉篇》卷中鼎部有鬺字，云：“式羊切，煮也。亦作鬺。”以为即《说文》鬲部之鬺字。

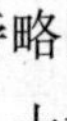，原释亦以为鬻字，大误。此字上从氏，下作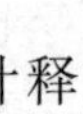，与甲文䍐字作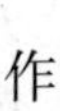者之右旁略同，亦即舐字也。

十六叶上。窜，从宀从𠨘。𠨘字，二卷二十三叶释为御字，则窜当作𥧰，殆即寤字也。《说文》七篇下宀部云：“寤，寐也。从宀，吾声。”御、吾二字古音同，故甲文从御，篆文从吾。《说文》金部鋙或铻，是其比类。本叶牢字，乃𥧰字之省体。

① “镝”字在《说文》十四篇上，当改“下”为“上”。

寇。按：《说文》云："宄，奸也。外为盗，内为宄。从宀，九声。"或作
㝁，又作宄。甲文寇，岂即宄字欤？

又🔲，从宀从人，即宎字也。《说文》云："宎，散也，从宀，人在屋下，
无田事。《周书》曰：'宫中之宎食。'"

十七叶下。罦，盖即罦字也。《说文》云："罦，兔罟也。从网，否声。"
否、罦古同音通用。《论语·雍也篇》云："予所否者，天厌之！天厌之！"
否，《论衡·问孔篇》作鄙。《庄子·大宗师篇》云："不善少而否老。"《释
文》云："否，本作鄙。"此否、罦可通作之证也。

八卷六叶上。倷。按：《玉篇》卷上人部云："倷，舒绿切，倜倷也。"

又儞，即称字也。《说文》七篇上禾部云："称，铨也。从禾，再声。"篆
文从禾，甲文从秝；篆文从再声，甲文从偁声也。本书十三篇有壐字，从土，
偁声，声类与此正同。此为甲文繁而篆文简者。

九叶下。🔲、🔲，原释为众。今按：上从日，不从目，原释误。今谓此昆
字也。《说文》七篇上日部云："昆，同也。从日从比。"甲文上亦从日，下或
从三人，或从三匕。甲文人、匕不分，三匕与二匕亦不异也。

🔲字，原释作众字，亦误。此与《说文》仦字同。《说文》云："仦，众
立也。从三人。"

十一叶上。裝。按：《玉篇》卷下衣部云："袚，蔽膝也，又蛮衣也。芳末
切。裝，同上。"裝，盖袚之初文也。

十三叶下。䑱，殆即航字也。《方言》云："舟或谓之航。"《说文》作斻。
八篇上①方部云："斻，方舟也。从方，亢声。"庚、亢古音同，故甲文作庚，
从舟，庚声也。

二十叶上，觅，疑是莧字也。《说文》十篇上莧部云："莧，山羊细角者。
从兔足，苜声，读若丸。宽字从此。"甲文与篆异者，不见兔足形耳。

九卷六叶上。喦，原释为喦字。按：原文作🔲，下不从山水之山，乃二篇
下品部之喦字，非九篇下山部之喦字也。品部云："喦，多言也。从品相连。
《春秋传》曰：'次于喦北。'读与聂同。"

十卷二叶上。䮁。按：《玉篇》下马部有骉字："乌高切，马行貌。"不知
即此字否。

又馮。《玉篇》有骔："甫贲切，马走也。"

九叶下。焈。《玉篇》下火部有此字，云："唯辟切，陶灶囱。"

怀，即后来之焙字，与本叶僰为同字。

---

① "斻"字在《说文》八篇下，当改"上"为"下"。

十四叶上。𠂒、𠂕，原释矢字。按：《书契前编》一卷四十五叶三版云："贞戊于王夭。"又云："戊王夭三牢。"四卷三十三叶五版云："王夭。"王夭者，殷王有沃丁、沃甲也。释为矢字，于史文无征矣。沃，《说文》作渂，从水，芺声。芺字从艸，夭声。又𠂕释夭字。按：𠂕字原释吴字，是也。吴字，《说文》从口从矢，甲文吴字所从矢字作𠂒，此作𠂕，字同，但左右上下异耳。释为夭字，则吴字为从口从夭，与《说文》不合矣。

十一卷三叶下。滴，即漳字也。《说文》云："漳，水名。从水，章声。浊漳出上党长子鹿谷山，东入清漳。清漳出沾山大要谷，北入河。"按：小篆从章，甲文从商者，《说文》三篇上㕯部："商，从章省声。"商、章古音不异也。《汉书·律历志》云："商，章也，物成孰可章度也。"《白虎通》云："商贾何谓也？商之为言章[1]也。章其远近，度其有无，通四方之物，故谓之商也。"《书·柴誓》云："我商赉女。"商，徐仙民音章。此皆商、章古同音之证也。

四叶上。漕，疑是湄字。《说文》云："湄，水草交为湄。从水，湄[2]声。"

漕。《玉篇》卷中水部云："漕，户卦切，水。"

洴。《玉篇》云："洴，口冷切。洴汫，小水貌也，漂流也。"

四叶下。泛，即潢字也。《说文》云："潢水出南阳鲁阳尧山，东北入汝。从水，蚩声。"甲文从㞷者，蚩字本从㞷声故也。洧水从又不从有，与此正同。

溴字，从水从冤省，即今汴字也。《说文》八篇下兄部云："冤，冕也。周曰冤，殷曰吁，夏曰收。"此字从冤得声。冤或作𠓥，今字作卞。今汴水字，《汉书·地理志》河南郡荥[3]阳下作卞。《说文》作汳，云："受陈留浚仪阴沟，至蒙为雍水，东入于泗。从水，反声。"卞为𠓥之隶变，𠓥即冤之或体，则《汉书》卞字与甲文为近也。甲文从冤省声，旨下三点乃水形，非小字。

溲，从水从叟，叟盖异之省体，溲盖即潩字也。《说文》云："潩水出河南密县大隗山，南入颍。从水，异声。"

汎字，说见下。

五叶上。瀶字。按：甲文龟字与黾字形略同，本书十三篇有鼂字，所从之黾字与龟无别，此盖渑字也。《说文》水部无渑字，乃偶脱之。昭十二年《左传》云："有酒如渑。"杜注云："渑水出齐国临淄县，北入时水。"前叶汎字盖亦此字之或体。渑字，《广韵》与绳字同食陵切。《说文》绳从蝇省声，知渑字亦当从蝇省声也。孕字从乃声，而《玉篇》上肉部有胇字，云："即孕

---

① "章"，《白虎通·商贾》作"商"，下"章"字同。杨树达所据为段玉裁《说文解字注》引文。
② "湄"，《说文》十一篇上作"眉"，当据改。
③ "荥"，《汉书·地理志》作"荥"。

字。"汈、澠同字,犹孕、胚之同字矣。《集韵》云:"媵,古孕字。"甲文所见诸水名,如汝、淮、洧、洹、滴、泛、淲、濮,皆在今河南省境内;其次如泺、如洋、如澠,则皆在今山东省境。此可以推知殷代幅员之广狭矣。

十三叶上。🐍,释鼋。按:当为电字。《说文》电从申。十三篇上虫部虹,籀文从申,字作🐍,所从与甲文此字略同,是其证也。原书十四篇二十五叶所载申字亦多作与此相类之形,如释为鼋,则与彼失其联络矣。

十三叶下。原释鱼诸字,第二字从鱼从刀,乃劊字也。《说文》四篇下刀部云:"劊,楚人谓治鱼也。从刀鱼,读若锲。"非鱼字甚明。

又魿字,疑是鮾字。《说文》十一篇下鱼部云:"鮾,鱼名。从鱼,必声。"按:必从八声,故甲文止作八也。

十二卷九叶下。妯,疑是嬯字。《说文》十二篇下女部云:"嬯,迟钝也。从女,台声。"按:台字从厶声。又按:《玉篇》有妛字:"充之切,侮也。"

又姓字,释姓。今按:右旁从生,乃姓字也。《说文》云:"姓,人所生也。从女生,生亦声。"

又姃,释烙。按:字从女从正,乃姃字。《说文》所无,非烙字。

妋。按:甲文戈、弋二字不分。六卷有贰字,所从弋字与戈字同。知此即妋字也。《说文》云:"妋,妇官也。从女,弋声。"许训妇官之说,似据汉制言之,非古义。愚谓此弋姓之弋本字也。《诗·鄘风·桑中》云:"美孟弋矣。"《毛传》云:"弋,姓也。"襄四年《公羊经》云:"夫人弋氏薨。"弋氏,《左氏经》姒氏。按:姒为夏姓,故甲文有其字也。

十叶[1]。媵。《集韵》云:"媵,古孕字。"

十四叶下。戓,乃臧字。《说文》三篇下臣部云:"臧,善也。从臣,戕声。"今以甲文校之,字当从臣从戈,爿声。爿声后加,甲文时尚无之,故字止从臣从戈也。臧字从臣,当以臧获为本义,训善乃引申义。说详余《释臧篇》。

二十九叶下。歟,原书云:"从戉从夏。"愚疑字从欤省,从戉,从殷省声也。知者,《庄子》云:"况有人[2]謦欬其侧者乎?"此歟字,即《庄子》謦之本字。字从欤省,有欤义,故《庄子》以歟欬连言矣。[3]

十三卷六叶上。堇作🔥,不从火,别有二字皆从火。今按:不从火者为堇字,其从火者则熯字也。《说文》十篇上火部云:"熯,干貌。从火,汉省声。"当云堇声,汉省声说非。艰字从堇,皆无从火作者,此从火与否、二字有别之

---

① 此字在《甲骨文编》第十二卷第十叶上,此处脱"上"字,当据补。
② "有人",《庄子·徐无鬼》作"乎昆弟亲戚之"。
③ 此字在《甲骨文编》第十四卷第二十九叶下,当移置下文十四卷字之最末。

明证也。

十四卷五叶下。陉，疑是郊字。《说文》郊从邑。甲文虽有邑字，而绝不见有从邑之字，疑《说文》从邑之字，甲文皆从𨸏也。《说文》邑部字，郊[1]或作岐，古文作𡸠；邠或作豳；扈古文作𡶆，皆不从邑而从山。甲文之从𨸏，犹古文之从山矣。

十一叶上。𤄒。按：甲文丙、内二字形同，此字上从内，下从水，非从丙从乙也。《说文》十一篇上水部云："汭，水相入貌，从水内，内亦声。"

又𠀤，从二丙。按：金文更字皆作𠓵，此疑𠓵之省字。

囗，甲文丁字如此作，殊为难解。细思之，干支之字皆是借字，此字象四围周匝之形，乃城之初字也。城字从成声，成字从丁声，音同，故假城为丁也。详《释囗篇》。

二十八叶下。奠字下有从𨸏从奠者四字，疑是郑字也。说具陉字下。

《附录》五叶下。𦔻，从耳从口，乃聑字也。《说文》二篇上口部云："聑，聂语也。从口从耳。"甲文口在耳旁，正与聂语情事相合。篆文移口于耳上，非其理矣。

六叶上。𤕷字，从人从爿。爿为古床字，二点象人血形，盖疾字也。孙诒让释瘳，与字形不合。

十四叶上。𣪊，左从言省，右从殳，疑是设字也。《说文》三篇上言部云："设，施陈也。从言殳。"

十四叶下。𪅀字，从隹从昏，乃鹃字也。《说文》四篇上鸟部云："鹃，麋鹃也。从鸟，昏声。"隹、鸟义同。昏从昏得声，故篆文从昏，甲文从昏也。

十八叶下。𢍰，上从臼持器，下从酉，疑是衅字也。《说文》三篇上爨部云："衅，血祭也，象祭灶也。从爨省，从酉。酉，所以祭也。从分，分亦声。"甲文不从宀，亦不从分，盖分为声类，后人所加，甲文时无之也。本书七篇有宝字，从宀从贝从玉，不从缶声，正其比矣。

十九叶上。中，是中字。

𣽾，叶玉森释春，愚疑其为者字。《说文》四篇上白部云："者，别事词也。从白，𣏟声。"𣏟，古文旅字也。按：七篇上旅古文作𣏟，与𣏟形绝异，考文者多疑之。愚以甲文之形与旅字之音合求之，𣏟盖稆之初字也。《玉篇》卷中禾部云："稆，自生稻。力与切。"《后汉书·光武纪上》云："野谷旅生。"李注云："旅，寄也，不因播种而生，故曰旅。今字书作稆，音吕，古字通。"甲文𣏟字类禾而上作邪曲之形，与禾字略异者，以自生之稻与布种而生

---

① "郊"，据《说文》六篇下应为"郊"，当据改。

者不同故也。篆作米，禾形全失，义不可求，许遂误以为古旅字。形义虽失，而音固无差也。米从口，与从⿱同。鲁字《说文》从⿱，甲文从口，正其比也。米是稽字，米是者字，当分列之，本书以为一字，失之矣。

十九叶下。古字，从十口，乃古字也。《说文》三篇上古部云："古，故也。从十口，识前言者也。"古亦古字，但十字贯下耳。

二十叶上。米，盖宅字也，当并入七篇宅字下。

二十一叶下。米，上象一物内盛米，乃胃字初文；见下。下从口，盖喟字也。《说文》二篇上口部云："喟，大息。从口，胃声。"或云此为谓字，从口与从言同，说亦通。

米，原书无首字，然此字恒用，决无不见之理。十二篇职字作米，著者云："象系首于戈之形。"是已释此字为首字矣。此复列之《附录》，未审何故，盖偶失之耶？

二十二叶上。米，上从隹，下从术，乃鷸字也。《说文》四篇上鸟部云："鷸，知天将雨鸟也。从鸟，矞声。"引《礼记》曰："知天文者冠鷸。"《说文》从矞，甲文从术者，矞、术古音同，通作也。《庄子·天地篇》云："皮弁鷸冠，搢笏绅修以约其外。"《释文》云："鷸，本又作鸠。"司马彪《后汉书·舆服志》引《记》曰："知天者冠述。"《说苑·修文篇》云："知天道者冠鈌。"《说文》遹[1]、疼同训狂走。此皆矞、术通作之证也。说详余《释鸪篇》。

二十二叶下。米字，从止，象足形，盖踵字也。《说文》二篇上止部云："踵，跟也。从止，重声。"

米字，从户从商，疑其为枨字也。《尔雅·释宫》云："枨，谓之楔。"郭注云："门两旁木。"《疏》引李巡云："枨，谓梱上两旁木。"《礼记·玉藻》云："君入门，士介拂枨。"郑注云："枨，门楔也。"以是门旁木，故甲文从户也。长、商古音同。《说文》枨训杖、训法，《殷契卜辞》七一三版亦有此字。

米，即石字也。本书一篇祏字作米，又九篇磬字作米，字从石，上有饰，一手持物击之。盖磬以石为之，故《书·舜典》云："於，予击石柎[2]石。"石即谓磬，古人以质名代物名也。篆文又加从石旁，于形为复矣。

二十三叶上。米，此盖亦商字也。本作米字，此上作二平耳。

二十三叶下。米字，从人从支，此亦攸字，但省水耳，当并入三卷攸字下。

二十四叶下。米字，从马，以一画连其足，盖马字也。《说文》十篇上马

---

① 《说文》训"狂走"者为"趫"，当据改。

② "柎"，《尚书·舜典》作"拊"。

部云：“馬，马一岁也，从马，一绊其足。读若弦，一曰若环。”

又⿰字，即正字，⿰之倒形耳。正形、倒形，足趾皆向口，当并入二卷正字下。

又⿰，象人所衣下裙之形，岂即《说文》常字欤？《说文》七篇下巾部云：“常，下裙也。”

二十五叶上。⿰，疑是夹字。《说文》十篇下亦部云：“夹，盗窃裹物也。从亦有所持，宏①农陕字从此。”亦下左右各一画，象所窃裹之物也。小篆易之，形遂不显。

二十五叶下。⿰。按：金文有⿰字，罗叔言云：“《顾命》郑注：‘戣瞿盖今三锋矛。’此字上象三锋，下象着地之柄，与郑谊合。⿰为戣之本字，后人加戈耳。”达按：甲文作⿰，与金文⿰同，殆戣字也。

二十六叶上。⿰，象手持物形，盖尹字也。

又⿰字，疑是宓字。《说文》七篇下宀部云：“宓，安也。从宀，必声。”按：此条凡四字，第一、第四皆从人，与宓非一字。

二十七叶上。⿰，乃斤字，恒假为祈。《戬寿堂殷虚文字》四十七叶九版有⿰字，王静安释为旂，所从斤字与此略同，但少一短画耳，可以为证。《戬寿堂文字》一叶六版云：“庚△，贞△，⿰岁于甲。”又八版云：“⿰岁。”祈岁谓祈丰年也。《礼记·月今》云：“孟春，天子祈谷于上帝。”“孟冬，天子祈来年于天宗。”祈岁，犹云祈谷、祈年矣。二叶二版云：“癸亥，贞其又有同⿰于示壬。”谓有祈于示壬也。九叶九版云：“⿰寅尹。”谓祈寅尹也。《殷契卜辞》二五五版云：“贞⿰⿰于且乙。”谓往祈于祖乙也。

二十七叶下。⿰，从尹从口，殆君字也。

又⿰，亦君字。《说文》二篇上口部君古文作⿰，正是此字。异者，甲文多一直画耳。尹字本有一直画。

二十八叶上。⿰，右象户形，左从攴，此启字也。说具前。

二十八叶下。⿰，疑是㡀字。《说文》七篇下㡀部云：“㡀，败衣也。从巾，象衣败之形。”

又⿰，从止从匕，乃此字也。《说文》二篇上此部云：“此，止也。从止匕。匕，相比次也。”

二十九叶上。⿰，以篆文庚作⿰推之，此字疑庚之别体也。

二十九叶下。⿰，金文《齐癸姜敦》及《朕尊》癸字皆如此作，则此盖亦癸字也。

---

① “宏”，《说文》十篇下作“弘”，此或因抄者避讳改字。骆鸿凯《文始笺》同。

三十叶上。，疑亦其字也。

三十叶下。，殆亦米字。

三十一叶上。，从二手持耳，疑是聝字也。《说文》十二篇上耳部云：“聝，军战断耳也。《春秋传》曰：‘以为俘聝。’从耳，或声。”或作馘。按：《诗·鲁颂·泮水》云：“在泮献馘。”此以两手持耳，盖象献馘之形欤？

又，亦既字，跽于旁者为女子耳，当并入五卷既字下。

三十一叶下。，从口从七，乃叱字也。《说文》二篇上口部云：“叱，诃也。从口，七声。”

，即先字，当并入八篇先字下。

，疑是字字也。《说文》十四篇下子部云：“字，乳也。从子在宀下，子亦声。”甲文子字多作，此字从倒子形，与𠫓从倒子义同。𠫓训不顺忽出，亦指人初生时之状言之。左右二点者，甲文毓字亦作数点形，王君静安谓象产子时之有水液，是也。从又者，子初生，有人承之。

又字，从女从姜，即姜字也。《说文》十二篇下女部云：“姜，神农居姜水，以为姓。从女，羊声。”按：姜字从女，复加女旁，盖甲文中已有复赘之字矣。

又，疑是媒字。《说文》十二篇下女部云：“媒，谋也，谋合二姓。从女，某声。”按：某字从甘，《说文》阙其义。然古文作，知是象形，甲文与古文相似。

三十二叶上。，盖独字也。下象犬，与本书十篇狂字偏旁犬字相似；上则蜀字也。《说文》十篇上犬部云：“独，犬相得而斗也。从犬，蜀声。羊为群，犬为独。”

又，从人从昌，即倡字也。《说文》八篇上人部云：“倡，乐也。从人，昌声。”按：七篇上日部昌字从日从曰，籀文作昌，从日从口。甲文此昌字正从口，与籀文同。

又，从木从京，即椋字也。《尔雅·释木》云：“椋，即棶。”《说文》六篇上木部云：“椋，即来也。从木，京声。”

三十二叶下。，从火在京上。京为人所为绝高丘，火在其上，盖燧字也。燧，《说文》作𨺶，十四篇下𨸏部云：“𨺶，塞上亭守燧火者也。从𨸏从火，遂声。”甲文从京，与从𨸏同。甲文不从遂者，疑遂声类由于后增，甲文时无之也。后六十八叶有字，从三火在京上，与此同字。

又字，从又从石，即拓字也。《说文》十二篇上手部云：“拓，拾也。从手，石声。”

三十三叶下。，此示丁合文也。

又▨字，从火从旬，乃焞字也。《说文》无焞。

三十四叶上。▨，疑宰人二字合文也。

三十五叶上。▨，盖是叕字也。《说文》作▨，云："缀联也。象形。"甲文形略同。

又▨字，金文《秦公敦》有此字，近人释为升，此字形正同。

三十七叶上。▨，疑是齿字。

三十七叶下。▨，盖亦是东字。

又▨、▨，象人荷校之形，盖即校字也。《易·噬嗑》上九云："何校灭耳，凶。"《疏》释何校为何担枷械，或又专桎其手。

三十八叶上。▨，象人在皿上浴身之形，盖浴字也。《说文》十一篇上水部云："浴，洒身也。从水，谷声。"

三十九叶上。▨，亦旧字，当并入四篇旧字下。

四十叶下。▨，疑是满字。《说文》十一篇下①水部云："满，盈溢也。从水，㒼声。"

又△，盖亦且字也。《合文》"康祖丁"祖作Δ，此又省中画。

四十一叶下。▨，从止从夆，盖即适字也。《说文》二篇下辵部云："适，疾也。从辵，昏声。"甲文从止，与从辵同。从夆者，昏从夆省声也。

四十二叶上。▨，金文《召伯虎敦》"束帛"束字作▨，罗叔言谓象束矢之形，见《金文编》序。然则此盖亦束字也。但彼字作直形，此作横形耳。

四十二叶下。▨，疑是寿字也。金文寿字多作▨，从老从畴，此从畴省耳。

又▨，从中从隹，盖椎字也。《说文》六篇上木部云："椎，击也。从木，隹声。"凡从木之字，甲文多或从中。

四十四叶上。▨，疑是宧字。《说文》七篇下宀部云："宧，养也，室之东北隅，食所居。从宀，匝声。"

又▨，此亦君字也。

又▨字，象两岸中有水，水上象杵形，盖汻字也。《说文》十一篇上水部云："汻，水涯②也。从水，午声。"《诗》云："率西水浒。"字作浒。

四十四叶下。▨字，从叉，左右四点象水形，即澡字也。《说文》十一篇上水部云："澡，洒手也。从水，喿声。"甲文从叉者，三篇下又部云："叉，手足甲也。"手足甲喜藏垢，故人恒洗涤之。字之初义为洗叉甲，泛言之则为洒手矣。篆文从喿者，喿、叉音近，叉幽部，喿豪部，二部音近。假喿为叉也。此余所谓形声字声类多假借之一事也。

___

① "满"字在《说文》第十一篇上，当改"下"为"上"。

② "涯"，《说文》十一篇上作"厓"，二字兼通。

又 👤字，从屮从人，亦先字也。

四十五叶下。👤，盖亦追字。本书二卷所记诸追字，止字在下，此在上为异。下从◇，犹遣字自下从口也。

又 👤，也字金文多作 👤，此所从与之相似；右从人，盖佗字也。《说文》八篇上人部云："佗，负荷①也。从人，它声。"古字也与它同。

四十六叶上。👤，疑是香字。下作数点者，指香之事也。

👤。按：十一篇霾字作👤，从雨从狸，二点象雨土之形。此字与霾字所从之狸形同，知此即狸字也。

四十七叶上。👤字，象耳有物下垂，盖耴字也。《说文》十二篇上耳部云："耴，耳垂也。从耳下垂，象形。"

又 👤，即韦字。

四十七叶下。👤字，象磬形，有物击之，盖硁字也。《论语·宪问篇》云："子击磬于卫，有荷蒉而过孔氏之门者，曰：'有心哉，击磬乎！'既而曰：'鄙哉，硁硁乎！莫己知也，斯己而已矣。'"硁硁，谓磬声也。甲文二点，表磬声，犹彭训鼓声，从彡表鼓声也。《说文》彭从壴，彡声，误。当为从壴彡，彡声也。谓彡指事，表鼓声也。《说文》九篇下石部磬或作硁。细分之，则磬为器名，硁为磬声。甲文分别甚精也。

四十八叶上。👤，从二又持二贝，乃寻字之复文，当并入二卷得字下。

四十九叶上。👤字，从二手各持帚，二点象水，横画象土，盖洒扫之扫字也。《说文》作埽，十三篇下土部云："埽，弃也。从土从帚。"

四十九叶下。👤，盖速字也。本书六篇所载束字三文，其一作👤，又八篇倷字偏旁亦同，此从束，与彼形近。大抵甲文字体多不同，不能以一体求之。

五十叶上。👤字，象亭形，乃亭之初字也。《说文》五篇下高部云："亭，民所安定也。亭有楼，从高省，丁声。"按：亭象城郭之重，两亭相对，甲文作👤，上下为两亭。知👤字直象亭形，非从高省也，许说非是。丁声旁乃后加，故甲文无之也。

五十叶下。👤，象两舟在两岸之间，中一点象水，盖舠字也。《说文》六篇上木部云："榣，竟也。从木，悟声。"古文作舠。古文从一舟，甲文从二舟；古文二在上下，甲文在左右；甲文有水，古文无之。

又 👤，象人以木校縶其足，盖桎字也。《说文》六篇上木部云："桎，足械也。从木，至声。"《易·噬嗑》初九云："屦校灭趾，无咎。"桎即屦校也。

又 👤，即米字。

五十一叶上。👤，疑即史字，中字倒在下耳。

---

① "荷"，《说文》八篇上作"何"。

五十二叶上。𠨘，此匕辛之合文。

五十二叶下。𤰢，从田从大，即畟字也。《说文》七篇下①禾部云："稷，𪗋也，五谷之长。从禾，畟声。"或作𥡝，云古文稷。段氏谓畟即古文畟字。余去年撰《释畟篇》，谓畟从田从儿，乃稷为田正之本字；畟从畟从夊，与麦从夊同，为稷之初字。甲文此字从田从大，大亦人也，故即知畟字矣。

五十三叶下。𣃚，从一人在舟上，手持一物，盖楫字也。《说文》六篇上木部云："楫，所以擢舟也。从木，咠声。"

五十四叶上。吕、吕，王静安云："此豊所从之字。"是也。

五十五叶上。𢱧，象一手持人发，盖捽字也。《说文》十二篇上手部云："捽，持头发也。从手，卒声。"七十三叶下又有𢱧字，殆亦同字。

五十五叶下。𧈢，盖黾字也。《说文》十三篇下黾部云："黾，鼃黾也。从它，象形，黾头与它头同。"或作𪓯，云籀文。甲文形与籀文略同。

五十六叶上。𧥢，从口从兄从州，盖詶字也。《说文》三篇上言部云："詶，诅也。从言，州声。"甲文从兄者，盖从祝省，诅咒之事必以巫祝为之也。从口与从言同。

又𨒪字，从止从后，乃逅字也。《说文》无逅字。《诗·唐风·绸缪》云："见此邂逅。"

五十六叶下。𡥀，作子字跪形，亦子字也。

五十七叶上。𥄕，本书四篇𦰶下有𥄕字，此即其别体，当并入彼下。

五十七叶下。𠃑，按：甲文允字作𠃑，此盖亦其别体。

又𢼸字，从又从米，盖敉字也。《说文》三篇下攴部去："敉，抚也。从攴，米声。"甲文攴、又多通作。

五十八叶上。𠫓，此盖亦戶字。𠃜较他字少一横画，然仍象戶形也。

五十九叶上。𣲙字，从人从水，即㲹字也。《说文》十一篇上水部云："㲹，没也。从水人，读与溺同。"

又𣉧，疑是是字。《说文》二篇下是部云："是，直也。从日正。"篆文从正，甲文但从止耳。

又𦤀，象人戴冕之形。冕后高前下，中有玉饰；左右下垂者，塞耳之纩也。《仪礼·士冠礼记》云："周弁，殷冔，夏收。"《诗·大雅·文王篇》云："殷士肤敏，祼将于京。厥作祼将，常服黼冔。"《毛传》云："殷士，殷侯也。冔，殷冠也。"此盖所谓冔欤？

五十九叶下。𧶽，甲文啚字有作𧶽字者，上从亩，下从口，<small>甲文口、口多不分。</small>

---

① "稷"在《说文》七篇上，当改"下"为"上"。

此字与彼所从冋字相似。

六十叶下。𢀜，盖一犬之合文。

六十一叶下。𦕤字，从耳从殻省，乃声字也。《说文》十二篇上耳部云："声，音也。从耳，殻声。"金文《聋鼎》耳旁作𦕤，此耳字与彼正相类。

又𦣻，亦亘字也，当并入十三卷亘字下。

六十二叶下。𢔶，右旁从水从口，乃沓字。字从彳从沓，疑是遝字也。《说文》二篇下辵部云："遝，迨也。从辵，眔声。"沓、眔古音同。

六十三叶上。𡧛，疑是宁字。《说文》五篇上丂部云："宁，愿词也。从丂，𡩄声。"七篇下宀部云："宁①，安也。从宀，心在皿下②。"甲文从乎，与从丂同，从𡩄省。

𣲷字，从水从尤，即沈字也。《说文》十一篇上水部云："沈，陵上滴水也。从水，尤声。"

六十三叶下。𣲷，从水从口，殆沓字也。《说文》五篇上曰部云："沓，语多沓沓也。从水从曰。"甲文从口，与从曰同。

𦝠，盖胃字也。《说文》四篇下肉部云："胃，谷府也。从肉，図象形。"此字与図同，不从肉者，篆文义旁后加，甲文时尚无之也。

𩵋，从屮从口，盖㗊字也。㗊，今作哭。《说文》二篇上吅部云："㗊，哗讼也。从吅从屮，屮亦声。"《说文》从吅，甲文止从口也。

𥝌字，从来从多，疑是移字也。《说文》七篇上禾部云："移，禾相倚移也。从禾，多声。"按：甲文从来，与从禾同意。本书五卷十七叶下啬字从来，或体从二禾，是其证矣。

六十五叶上。𥄂字，从口从旬，即询字也。经籍中询字屡见，而《说文》遗之。《新附》云："询，谋也。从言，旬声。"甲文从口，与从言同。

六十五叶上。𧰼，盖兕字也。《说文》九篇下兕部字作𧰼，云："如野牛而青，象形。"此字形大同。③

𣇷字，上象仓冋，下从口，与口字同，乃啚字也。五卷十七叶下啚字作𠷎，与此正同。

𠬺字，从又持肉，盖有字也。

𦳋，疑即亳字。《说文》亳从乇声，此字从屮声，乇、屮同属铎部字也。亳字读唇音，乇、屮皆以叠韵为声。

---

① "宁"，《说文》七篇下作"寍"，当据改。
② "下"，《说文》七篇下作"上"，当据改。
③ 此字与前后字均在第六十五叶上，依行文体例，此处"六十五叶上"当删。又，此字在《甲骨文编》中位于下文二字之后，则此条当移置下二条后。

六十六叶上。𤕟，疑兽字之别体也。

六十六叶下。𦥑字，象二人共一食器，盖亦乡字也。

六十七叶上。𠚩，此甲文子作𠚕者之倒文也。

𣅀字，从口从大，此即吴字也。《说文》十篇下矢部云："吴，大言也，从矢口。"余去岁撰《释吴篇》谓矢字从大而倾其首，吴从矢，即假矢为大，故训为大言。《诗·周颂·丝衣》云："不吴不敖。"吴，《汉书·律历志》[①]引作吴，是吴、吴同字之证也。今观甲文，余说益信矣。

六十七叶下。𠂇，即史字，从二手为异耳。金文《父乙爻角》及《𢆶卣》史字皆从二手，与此正同。

六十八叶上。𠯑字，从口从九，即𠮘字也。《说文》二篇上口部云："𠮘，高气也。从口，九声。"

𠤕，盖即再字也。本书四篇有再字，从爪，与《说文》同。此从二爪耳。从土者，十三篇有墿字，亦从土。盖此字即再字，而墿字又即偶字也。

囚，即囚字，从大与从人同。

六十九叶上。𩇨，左旁象鬲形，右从虎，盖鬳字也。《说文》三篇下鬲部云："鬳，鬲属，从鬲，虍声。"

𠊧字，从人从果，即倮字也。《玉篇》上人部云："倮，赤体也。"

六十九叶下。𤙡，从牛从子，盖犊字也。《说文》二篇上牛部云："犊，牛子也。从牛，卖声。"𤙡为会意字，变为形声，则为犊字。

𥄉字，从目从寅，即瞘字也。《说文》四篇上目部云："瞘，开阖目数摇也。从目，寅声。"

七十一叶上。米，此亦米字。

七十一叶下。𤆍，从向从火，盖𤎩字也。《说文》十篇上炎部云："𤎩，侵火也。从炎，向声。力茬切。"甲文从火，与从炎同。

𠻺，即啬字也。本书五卷十七叶下有啬字，作𠻺。此字上从二禾，下象仓廪之形，与彼字同。

七十二叶上。𣏌字，从中从京，盖亦椋字。甲文从中、从木通用也。

七十二叶下。𥙿字，从示从占，即占字也。占卜神事，故从示旁耳。

七十三叶上。𤳳字，从口从且，乃咀字也。《说文》二篇上口部云："咀，含味也。从口，且声。"十四篇下[②]且部小徐本有且字，重文作𠇑，甲文咀字所从即此字也。《殷契卜辞》二十二版"祖辛"合文，祖字亦中空无二画，与此字同。

---

① "吴"出自《汉书·郊祀志》，非《律历志》。
② 且部在《说文》十四篇上，当改"下"为"上"。

七十四叶上。字，从日在木下，乃杳字也。《说文》六篇上木部云：“杳，冥也。从日在木下。”

七十四叶下。，盖即吏字。甲文时有与后世隶字全同者，此其一事也。

七十五叶上。字，从二石从我，盖即硪字也。《说文》九篇下石部云：“硪，石岩也。从石，我声。”

、，从人从爯，即偁字也。金文《偁古敦》偁字，与此第一字正同。

，此十六之合文也。[1]

，疑三旬之合文也。

七十七叶下。字，左从酉，右乃斗字。斗字金文《𨬎朕鼎》作，《秦公敦》作。此所从与彼同，盖即鎠字也。《说文》十四篇下[2]金部云：“鎠，酒器也。从金，𠀠象器形。或作𠀠。大口切。”异者，《说文》为象形字，鎠为加旁象形。甲文为形声字耳。

七十八叶上。，疑是虡字。《说文》五篇上虍部云：“虡，钟鼓之柎也。饰为猛兽。从虍，异象形其下足。”或作鐻。甲文下象足形，篆文作异，形虽不相肖，而尚可得其致误之由也。

，即及字，当并入三篇及字下。

字，从宀从匕，甲文人、匕不分，亦冗字也。

七十八叶下。字，右从攴，左盖从朿，疑是敕字也。《说文》三篇下攴部云：“敕，诫也。臿地曰敕。从攴，朿声。”

七十九叶上。字，从大从言，即信字也。《说文》三篇上言部云：“信，诚也。从人言，会意。”甲文从大，与从人同。

，盖亦胃字。

七十九叶下。字，从屮从土，盖生字也。《说文》六篇下生部云：“生，进也，象草木生出土上。”

八十叶上。，即丩字也。《说文》三篇上丩部云：“丩，相纠缭也。”甲文正象纠缭之形。

，疑亦北字也。

① 此字与后一字均在《甲骨文编》第七十六叶上，依行文体例，此条前应补“七十六叶上”。

② 此字在《说文》十四篇上，当改“下”为“上”。

孔子哲学

黄子通

　　研究一个人的哲学，最要紧的须研究他的哲学系统。如果单就各人兴之所至，看到几点，随便提出讨论，在作者以为有所心得、有所发明，而读者便以为这是某先哲的基本思想。这样去研究古代思想，恐永远得不到古人的真相，一人一说而真理因之湮没。如果研究古代哲学的人，能从各家的系统入手，则先哲的基本思想决不会因人而异。西洋写哲学史的人均有独特的见解，但是柏拉图（Plato）与亚里斯多德（Aristotle）的思想系统，在各种哲学史中，决不会有大不相同的说法。所以我们研究古代的哲学家，首先应当注意他们的系统，在寻索系统的时候，首先应当研究一个哲学家的基本概念。研究基本概念或基本名词的时候，切不可用外国的概念或者外国的名词来比附，即使在中国哲学史中找到两个哲学家所用的名词一样，但亦不可把它们等同起来。譬如程颢的《识仁篇》中所用的"仁"字与孔子所说的"仁"字意义完全不同。要研究孔子的"仁"字，只有把《论语》中孔子对于问"仁"的答案归纳起来，方始可以得到一个可靠的定义。孔子所说的"仁"字乃孔子自己发明的，决不是包含在字典以内的，所以《说文》中的定义决不可用，朱子的注解亦不可用，因为朱子的注解是在那里讲明朱子自己的哲学。

"天"

　　近来有许多外国的传教师，硬把孔子所说的"天"比作有意志的上帝，在国内研究孔子哲学的人，也有以为孔子所说的"天"是有意志的。其实在《论语》里边，真说到"天"字的含义的时候，孔子就表示他相信一个自然的"天"。其余的"天"字，或用在悲观的时候，或用在愤激的时候，都是发抒情感的叹词，而不是讲明哲理的名词。"人穷则呼天"这样的态度，孔子也常有的，但是这样用的"天"字不能代表孔子的哲学思想。我们应当分门别类，研究各种不同的用法，再权其轻重，估定孔子的真意。孔子所用的"天"字，可分为三类。

第一类："天"字是随了言语的习惯，往往在危急的时候，或在愤极、悲极的时候用的。这样的"天"字毫无意义可言。

愤极时的例子，如《论语·子罕》卷载着：

> 子疾病，子路使门人为臣。病间，曰："久矣哉，由之行诈也！无臣而为有臣，吾谁欺？欺天乎！且予与其死于臣之手也，无宁死于二三子之手乎！且予纵不得大葬，予死于道路乎？"

又如《雍也》卷载着：

> 子见南子，子路不说。夫子矢之曰："予所否者，天厌之！天厌之！"

孔子因求用于卫君，不得已而见南子，而子路偏不谅解，孔子遂有愤激的誓言。"天厌之"本是叹词，凡是感叹词都是习惯而来，并非一人所能特制。至于词中的"天"字有何意义，根本不暇计及。子路使门人为臣，孔子以为行诈，遂说："吾谁欺？欺天乎！"这亦是愤激的誓言，其中"天"字同样的毫无意义。

孔子悲极的时候，亦尝呼"天"。这正是司马迁所谓："人穷则呼天，劳苦倦极则呼父母也。"如《先进》卷载着：

> 颜渊死，子曰："噫，天丧予！天丧予！"

这里的"天"字亦是表现极深刻的情感，别无其他意义。

孔子在危急的时候，表示坚决的意志，道德上的自信力，亦尝呼"天"。这样的"天"字亦无哲理可言。桓魋要害孔子的时候，孔子就说：

> 天生德于予，桓魋其如予何！（《述而》）

匡人围困了孔子，亦有同样的自信语。《子罕》卷载着：

> 子畏于匡，曰："文王既没，文不在兹乎？天之将丧斯文也，后死者不得与于斯文也。天之未丧斯文也，匡人其如予何！"

这里的"天"字一方面表示自信力，一方面又表示死生自有命定（参看以下讲命字条）。孔子具有改革的志愿、超时代的思想，当然有极大的责任心、极坚强的自信力。他并且盼望一切有道德的人，都有这样的自信力，对于社会的革新、道德的改进，都应当负起责任，不生推诿游移之念。《宪问》章载着：

> 子曰："莫我知也夫。"子贡曰："何为其莫知子也？"子曰："不怨天，不尤人，下学而上达。知我者，其天乎！"

孔子感叹理想不能实现，而子贡反不明白，所以激起了一句叹词。孔子的意思，还是侧重在不要怨天尤人，全章语气不过是表现孔子的自信力而已。

第二类：是把"天"作比喻的，更无深刻的意义。即如王孙贾问："与其媚于奥，宁媚于灶，何谓也?"(《八佾》)孔子就说："不然，获罪于天，无所祷也。"王孙贾的问句本不注意于奥神与灶神的意义，而是把奥神比做无权的重臣，把灶神比做君主左近的亲倖——就是王孙贾自己。孔子却以"天"比作君主，言"天"可以指挥"奥""灶"各神，得罪了"天"，即使有诸神，也无用了。这种对答之词，全在比喻以外的意义，而不在比喻的本身，"天"字的哲理可以不问。

第三类：是孔子说理时候所用的"天"字，那才是孔子对于"天"的真见解。因为孔子不肯把他自己对于"天"的见解，轻易示人，所以我们不容易明白孔子的宇宙观。大概孔子对于"天"的观念与习俗的观念不同，所以不肯轻易说出，引起反感。孔子虽然是一个大哲学家，但是他的态度温和，不肯采革命手段，所以他不肯公然反对传统思想。大概大思想家的改革方法，总不外两途：一个是完全推翻旧说，引起思想上的革命，如苏格拉底（Socrates）之类；一个是采取旧酒瓶里装新酒的办法，取渐渐同化主义，那就是孔子。孔子对于"天"，的确取自然主义的观点。孔子以为"天"所表示的不过一群自然进行的法则，并不像人那样有言语有意志的。所以孔子说：

> 天何言哉! 四时行焉，百物生焉。天何言哉! (《阳货》)

这里的"天"字，明明是描写与祸福无关的自然，与有意志的上帝不同。孔子把可以降福祸的"天"，一变而为自然条件的"天"，于是善恶的结果全在人为。天行所示，只有常则，并不骤降祸福。"天"既与祸福脱离了关系，于是乎命亦失掉了它的本义，而变成了常则的代名词。子夏转叙孔子的话道：

> 死生有命，富贵在天。(《颜渊》)

这就是说，死生自有常则，非人所能统制。或生在富贵之家，或生在贫贱之家，全是自然的支配，与人的努力不努力毫无关系。只有为善为恶，责在于人。孔子见伯牛将死，感叹而说："亡之，命之[①]夫。"这个"命"字与"死生有命"的"命"字相同。伯牛这样的好人，竟致恶疾而死，如果"天"有意志的话，这样好人是决不会死的。可是人之生死全为自然的条件所支配，与人的德行毫无关系。这就是所谓"命"，这也就是孔子叹惜的本意。

孔子主张"畏天命"，就是因为，一方面有天然的环境支配着，不可以强作强为；一方面又有天然赋与我的本能，不可以忽此本能而暴弃之。无论吉凶顺逆，须努力作人，妄生徼幸的希望果然不对，委心任运的亦不对。所以孔子得位，"必行义以达其道"；不得位，亦"必隐居以求其志"。孟子说："夭寿

[①] "之"，《论语·雍也》、黄子通《儒道两家哲学系统》本作"矣"，《史记·仲尼弟子列传》及后文作"也"。

不贰，修身以俟之，所以立命也。"正是发挥孔子的"畏天命"。孔子以为作一个标准的人，应当时时刻刻警惕自己，不负天所赋予，以达到成己成物的目的。成己成物是一件极难的事，不时时警惕，决不能成功的，所以用一个"畏"字。孔子说到："道之将行也与？命也。道之将废也与？命也。"也是说，凡事都在自己的努力，至于外来的条件，不能如意，本非人所能强为，更不必起怨尤之念。孔子说："公伯寮其如命何？"这句话更是劝子服景伯不必怨天尤人。孔子所注意的是"人"，他以为人事的善恶，全在自己的努力，非但信任祸福的可笑，并且不可以把自己的责任，委之于环境，这是何等积极的人生观。

孔子本是一个进取主义者而不是一个失败主义者，他又是一个人本主义者而不是一个定命论者。孔子之"畏天命"不过是教人遵守自然的条件而不是教人诿卸责任。起了诿卸责任的惰念，那就不得不怨天了。这种不怨天主义在孔子的日常生活中随处可以表现。《述而》章说：

> 子疾病，子路请祷。子曰："有诸？"子路对曰："有之。诔曰：
> '祷尔于上下神祇。'"子曰："丘之祷久矣。"（《述而》）

孔子因子路请祷而告以"祷"之真义。"丘之祷久矣"这句话正是表明：日常生活就是祈祷，其他祈祷绝对无意义，这是人本主义的表示。孔子以为人的苦乐在于行为的善恶，行为的善恶在于自己的努力，人的疾病根本与祸福无关。知道了孔子重"人"的态度，就可以知道孔子对"天"的观念。既经反对祈祷，如何还可以承认有意志的"天"？"未能事人，焉能事鬼"这句话，也是表示孔子重人轻鬼的主张。有人以为孔子是信鬼神的，因为孔子说：

> 祭如在，祭神如神在。（《八佾》）

但是樊迟问知的时候，孔子便说：

> 务民之义，敬鬼神而远之，可谓知矣。（《雍也》）

朱子解释这章书说：

> 专用力于人道之所宜，而不惑于鬼神之不可知。

可见孔子是反对迷信的。他的主张"敬鬼神"，无非是荀子所谓"文"的意志。荀子说：

> 卜巫①然后决大事，非以为得求也。② 故君子以为文，而百姓以为
>
> 神。以为文则吉，以为神则凶。

孔子既经反对鬼神而又主张"畏天命"，当然孔子所说的"天"，决不是一般人所畏的鬼神了。

---

① "巫"，《荀子·天论篇》、黄子通《儒道两家哲学系统》本均作"筮"，当据改。
② 《荀子·天论篇》后有"以文之也"。

　　凡是孔子遇到一个能修德而短命的人，总把行为的善恶与人的寿命劈开，不使人发生连带的感想，这真是现代科学家的态度。即如：

　　　　伯牛有疾，子问之。自牖执其手，曰："亡之，命也夫！斯人也，而有斯疾也！斯人也，而有斯疾也！"（《雍也》）

又如孔子称赞颜渊的时候说：

　　　　有颜回者好学，不迁怒，不贰过，不幸短命而死矣。今也则亡，未闻好学者也。（《雍也》）

从这两个例子看起来，贫贱、富贵、寿夭，都为自然所限制，与祸福灾祥毫无关系，即行为善恶亦何尝能改变命运之支配。祸福灾祥等观念，在孔子哲学系统中，根本没有地位。祸福灾祥都具有偶然性，使人莫测，莫测的原因是由于神的喜怒无常。要挽回无常的喜怒，非献媚于上帝不可。但是宇宙的秩序，自然的法则，本有一定的安排，并无偶然的徼幸可以妄求，所可挽回者只是行为的善恶与行为的结果。孔子的天命观念与祸福灾祥观念相反，承认了祸福灾祥，就不能承认"命"的观念；承认了"命"的观念，就不能承认祸福灾祥。从表面上看来，孔子似乎是令人服从天命，保持旧观念，实则孔子的"命"字，正所以排除有意志的"天"。"命"字由命令的原意一转而为自然的安排，正是孔子对于旧信仰的新解释，对于旧问题的新解决。孔子用了一个含有新意义的"命"字，一方面可以维持旧道德，一方面可以创造新的宇宙观。最原始的天道观，则天降祸福全视行为的善恶；孔子的天道观则大不相同。孔子以为福善祸淫与事实不符，因为有为善而获祸的，如伯牛之因恶疾而死；亦有为恶而致福的，如阳货之类。"天"之所"命"是宇宙间预先安排的秩序；而寿夭疾病不过是安排的一种，与行为之善恶无关。这就①孔子所谓"命"。但是为善的人可以造福于社会，为恶的人可以为害于社会。社会的幸福确与行为的善恶有关，所以孔子特别注重行为的善恶，君子小人的分别。并且善恶问题脱离了祸福观念，可使行善而获祸者不改行善的决心，作恶而享福者亦受道德的制裁，这样才能创造伦理学。如果孔子始终不放弃有意志的天道观，伦理学就创造不成，而孔子亦决不能成为哲学家了。

　　孔子的"不怨天"与"畏天命"，都是因为"天"有常道，只可遵循不可违背。如果"天"有不可违背的法则，当然是可畏的；如果"天"有常则可以遵循，那末，违背了，也是自己的过失，用不着怨"天"。所以"畏天命"与"不怨天"这两句话，看去似乎相反，其实是一贯的。孔子对于常则的"天"说得最为明白，上面已经引过了。《易经》上还有几句话，正是发挥孔

――――――――――――

　　① 黄子通《儒道两家哲学系统》本后有"是"字，当据补。

子的"天"字:

> 天下何思何虑？天下同归而殊途，一致而百虑。天下何思何虑。
> 日往则月来，月往则日来，日月相推而明生焉。寒往则暑来，暑来则寒往①，寒暑相推而岁成焉。

日月的运行，四时的更易，都有一定的秋序。百物的生死盛衰，也因此有法则可以推知，更无祸福喜怒之可言。假如"天"为神所控制，则百物的生死盛衰，亦必因神的喜怒而转移，没有法则可寻了。既没有法则可寻，也就没有必然的"命"可畏了。君子之"畏天命"，决不是小人之"畏天命"。小人的"畏天命"含有徼幸邀福的意思，君子之"畏天命"乃是因为"天"有常则，必须遵从，方能尽为人之责。

近来有人以为孔子之用"命"字与西洋的理性主义者的用"理性""意志"等名词颇有类似的地方。所谓"理性"是指宇宙间的秩序，不可变的法则。这般理性派的哲学家，也是受了科学的洗礼，以为宇宙间的一切事物，都有必然的关系，因果的法则，决不会偶然发生。他们不肯如科学家那样明说，这是自然的法则，而只说宇宙间一切关系都是"理性"。他们遇到宗教家又可以把"理性"与"上帝"联合起来，毫无牵强。"理性"一名词似乎两方面都可以应用，这样用法似乎与孔子用"命"字一样，其实则不然。西洋的理性主义者虽然相信科学，但有人还要保存基督教，而孔子的哲学彻始彻终的注重"人"。孔子以为"人"应当对于自己负责任，每一个"人"对于社会的影响都很大，谁也不能逃其责任，所以人人应当自励，不当推诿，"怨天尤人"就是推诿。"人"有这样的本能，"人"有这样的责任，自当小心寅畏，不可辜负自然的赋予。孔子用"命"字，并不是想阿谀苟容于当世，这是与理性派的哲学大不相同的。

"仁"

凡是研究孔子哲学的人，最容易犯的，有三种毛病。

第一种毛病，就是把历代的思想家、文艺家、考据家、注释家对于"仁"的见解搜集起来，任取其一二，以为"仁"字的真义。殊不知各家对于"仁"字的见解，只能代表各家的思想，而不能代表孔子的思想。即如程颢对于"仁"字的见解，只能代表程颢的哲学，程颢的"仁"字简直是西洋哲学家心

---

① "暑来则寒往"，《易·系辞下》、黄子通《儒道两家哲学系统》本均作"暑往则寒来"，当据改。

目中的"本体",而且是绝对主义者的"本体观"。程颢以为"仁者浑然与物同体",就是说"仁"这样东西是浑然一物,包罗万象,而不能分析的,但是万物之中,无处没有"仁"的"本体"。孔子的"仁"字则大不相同,至少我们可以知道:孔子的"仁"字是为人的目标,而不是宇宙的"本体"。即此可见杂凑各家的见解去注释一个大哲学家的专门名词是不对的。

第二种毛病,就是见各弟子问仁的答案都不一样,就以为孔子的"仁"字并无固定的内容。

第三种毛病,就是在孔子对于问仁的答案中,凭自己的主观,任取一二条以为定义。

孔子的"仁"字是孔子创造伦理学时候的基本概念,没有这个"仁"字,就没有孔子的伦理学。"仁"字是要把一切做人的德行联络起来,组成一个一贯的系统。它只在伦理学中占重要地位,而不是形上学中的专门名词。"仁"可以包括一切的美德,而且是一切美德的最高点。换言之,比较各种德行的内容,"仁"为最丰富;比校各种德行的高下,"仁"为最高。只要达到"仁",各样德行的内容也就有了。从这两点看来,"仁"简直是柏拉图(Plato)所追求的"至善"(Summum Bonum)。但是孔子的"仁"字又与柏氏的"至善"不同,因为柏氏的"至善"是宇宙间的一种存在(Being),人为的"至善"不过是这种存在的化身而已。孔子的"仁"字,统粹是道德范围中的概念,也可以说是种种德行的总名称,在形上学中是没有地位的。并且有了这"仁"字,凡是要研究道德的人,非但可以照它的条件去身体力行,并且可以用思想去研究它,追求它。那就不单是实践的修身,而是可以研究的哲学了,这就是伦理学,也就是道德哲学。因为"仁"字是可以想像的,可以研究的,所以孔子说:"回也,其心三月不违仁。"但是"仁"字的内容既不是指思想,又不是指心理的态度。如果"仁"字是指内心而言,"礼"字是指外行而言,那末,"仁"字只能包括"克己"而不能包括"复礼"了。如果"仁"字单研究思想,那就变为逻辑上的名词,而不是伦理学中的名词了。"仁"的内容虽不外乎种种实践的德行,而"仁"字的确可以用作独立研究的对象,可以提出来做追求的目标。所以它是一个哲学的概念。孔子说:

> 民之于仁也,甚于水火。水火吾见蹈而死者矣,未见蹈仁而死者
> 也。(《卫灵公》)

又说:

> 君子无终食之间违仁,造次必于是,颠沛必于是。(《里仁》)

在这几句中,"仁"已变为一样可以追求、可以与我们发生关系的东西。这虽不是具体的物,却已变成思想中可以模拟的东西了。这不是说孔子是个唯

心论者，或是概念论者。这不过表明孔子的思想已经到了发明概念的程度。柏拉图正是如此，不过柏氏走上了形上学的迷途，把"至善"这一概念变为宇宙的本体了。（怀德海氏 Whitehead 尝叹息本体之说在欧洲作祟了二千年之久）先秦诸子幸而都没有走入此种迷途。至印度哲学传入中国，影响了宋儒，始将至善之"理"变为一种"存在"而有"太极"的追求。孔子的"仁"字，虽似一种"存在"，然而始终是一种概念，与柏拉图追求之存在大不相同。

仁与忠恕

"仁"的内容是包括一切做人之道，凡是人的德行都包括在内。孔子对于弟子的问仁，答案各各不同，正因为凡是可以进德修身的事情，没有一样不可以达到"仁"，必须各样德行都完备了，然后可以称为"仁"，无论从何种缺点说起，都是达到"仁"的途径。但是达到"仁"的基本条件与入门的途径，都有轻重缓急之别。达到"仁"的基本条件是"爱人"，"爱人"的基本条件是"忠"与"恕"。孔子最注重的条件是"忠"。要达到"忠"，必先达到"恕"。孔子以为"忠"是很难达到的，"恕"则较为容易，所以常说实行"恕"的方法而不常说实行"忠"的方法。即如《论语·卫灵公》一卷中记载着：

> 子贡问曰："有一言而可以终身行之者乎？"子曰："其恕乎！己所不欲，勿施于人。"

又如《颜渊》一卷记着：

> 仲弓问仁。子曰："出门如见大宾，使民如承大祭。己所不欲，勿施于人。在邦无怨，在家无怨。"仲弓曰："雍虽不敏，请事斯语矣。"

《大学》中亦有一段，说"己所不欲，勿施于人"的原理。《大学》说：

> 所恶于上，毋以使下；所恶于下，毋以事上。所恶于前，毋以先后；所恶于后，毋以从前。所恶于右，毋以交于左；所恶于左，毋以交于右。此之谓絜矩之道。

孔子讲"忠"的话，只《中庸》内有一段解释，最为明白。《中庸》载着孔子之语，说：

> 君子之道四，丘未能一焉。所求乎子，以事父，未能也。所求乎臣，以事君，未能也。所求乎弟，以事兄，未能也。所求乎朋友，先施之，未能也。

这段话明明的说到"忠"字的意义。孔子以为我所盼望于儿子的事情，就应当拿它去事父亲；我所盼望于臣下的事情，就应当拿它去事君上；我所盼望于弟弟的事情，就应当拿①去事老兄；我所盼望于朋友的事情，就应当先拿它去待朋支。这样的行为就是"忠"。在孔子看来，这四种是极难做的事情，所以他谦逊的说，自己都做不到。在这几句上边，就先说到"恕"。他说："施诸己而不愿，亦勿施于人。"可见"恕"为人"忠"之门。

"忠"与"恕"都是爱人的方法，只是一物的两面。从积极方面讲是"忠"，从消极方面讲是"恕"，由"恕"可以达到"忠"，并不是两件事情，所以曾子以"忠""恕"解释一贯之道。有人以为"吾所欲者必施于人"（此语出于《新约》）的哲学格外高明，殊不知不能体谅别人的人，亦不能以忠心待人，必定要体谅别人的意思到了十分，方才能够不把我所不要的施之于别人，到了我所施之于人的事情都不是我所不要的，那就变成我所施之于人的事情都是我所要的了。在这个时候，我已经做到了"忠"，而不是"恕"了。所以"忠""恕"是一贯的。但是我所不要的不给别人，还可以做得到，我所要的都给别人，那就等于不可能。如果一个人要做到这种地步，非牺牲自己不可。"爱人如己"这一句话，虽是人己平等，并没有"舍己"的意思在里边。但是"爱人如己"到了十分，就不得不牺牲一我。犹如母亲爱孩子，是很纯粹的，而母亲也没有不爱自己的，可是等到饥荒的时候，势必至于先喂孩子，而牺牲自己。可见要做到"忠"是极难的，所以孔子说"未能"。以难易而论，"恕"较易而"忠"较难，孔子本躬自厚而薄责于人之旨，故先用"恕"字去教人。其实孔子对于"忠"字，早已实行过了。"为之不厌，诲人不倦"就是孔子实行"忠"字的证据。并且孔子之常讲"恕"字，也是因为以手段而论，"忠"当以"恕"为先，如果不从"恕"字入手，势必至于不明白人家的困难，把自己所要的、所能的，勉强别人去做，这样就不能"忠"。所以"忠"者必"恕"，"恕"者必"忠"，"恕"是初步的"忠"，"忠"是完成的"恕"。"克己"就是"恕"，"非礼勿视"等等也是"恕"；"己欲立而立人，己欲达而达人"就是"忠"；"居处恭，执事敬"是"克己"，就是"恕"。"与人忠"，则已完成了为仁的目的。孔子对于子张问仁的答案，也未尝不用"忠""恕"之理去解释。"恭"与"宽"近于"恕"，"信""敏""惠"近与②忠。以"忠""恕"而论，"忠"与"恕"的确是"一贯"的，但是后人把"仁"字的"一贯"，只限于"忠""恕"，也就把"一贯之道"小看了。孔子的"一贯"是指做人之道的"一贯"。

---

① 黄子通《儒道两家哲学系统》本后有"它"字，当据补。
② "与"，黄子通《儒道两家哲学系统》本作"于"，当据改。

做人之道是包有种种条件，简而言之，可以有三步：第一，是如何培养宗旨与动机；第二，是如何磨励做好人的方法；第三，是如何养成做好人的品性。孔子说：

> 视其所以，观其所由，察其所安，人焉廋哉？人焉廋哉？（《为
> 政》）

这几句话是说：做好人应有做好人的志向，做好人应有做好人的知识，做好人应有做好人的习惯。用现代的话讲，孔子的"仁"字是包括一切的道德，一切的知识，一切的习惯与能力。"仁"是整个儿的，分不开的，分开了就是不"仁"。所以"仁"不单是做人的动机，不单是做人的决心，不单是做人的知识，不单是行为的结果，不单是这种德行、那种德行，而是种种德行的总汇，种种知识与行为的集合体。"仁"是包含情感、理智、意志的，"仁"是包括理想的知识与实践的行为的，"仁"是包括公德与私德的。所以"爱人"虽是为仁的重要条件，而还不是"仁"。因为达到"仁"，须有种种的知识、种种的方法。孔子的"一贯"是指"仁"的全体而言，"仁"既不止"忠""恕"，当然"一贯"亦不单指"忠""恕"。"忠"与"恕"固然是分不开的，但是其他的行为与知识也是分不开的。看了以下一段孔子与子贡的讨论，也就可以明白孔子的"一贯"并不限于"忠""恕"。

> 子曰："赐也，女以为予①多学而识之者与？"对曰："然。非
> 与？"曰："非也。予一以贯之。"（《卫灵公》）

这一段明明白白的讲知识，但是一贯之道还不限于知识。孔子的"一贯"是指情感、意志、理智的"一贯"，知识与行为的"一贯"，思想与行为的"一贯"，动机与效果的"一贯"，态度与礼节的"一贯"，方法与目的的"一贯"，私德与公德的"一贯"，个人与团体的"一贯"，家族与国家的"一贯"。一贯之道就是整个的"仁"。这整个的"仁"不是枝枝节节可以分析的。

"有道者必有言"是说言行的"一贯"；"仁者必有勇"是说情感与意志的"一贯"；"学而不思则罔，思而不学则殆"是说思想与经验的"一贯"；"博我以文，约我以礼"是说"文""礼"的"一贯"；"克己""复礼"是说人我的"一贯"；"求仁而得仁，又何怨"是说方法与目的的"一贯"；"君子笃于亲，则民兴于仁"是说公德与私德的"一贯"，也就是个人与团体的"一贯"、家族与国家的"一贯"。孔子所注重的是"仁"的全体、"仁"的圆融，所以谓之一贯。以"忠""恕"为"一贯"的例证则可，以"忠""恕"为唯一的法门则不可。

---

① "为予"，《论语·卫灵公》、黄子通《儒道两家哲学系统》本及后文均作"予为"，当据乙。

仁与忠信

　　"忠""恕"两字并提，不常出于孔子之口，惟曾子以"忠""恕"二字解释一贯之道。弟子问仁，孔子只讲"恕"的道理，而不讲"忠"的道理，因为"恕"是"忠"的初步。孔子虽不连说"忠""恕"，而说到"恕"的时候，"忠"字却已经说了。除"恕"字以外，孔子常说"忠""信"，"忠"与"信"本是"一贯"，为人的忠诚与不说谎语有密切的关系。曾国藩说："为人必自不说谎始。"假使一个人能够一句谎话不说，那就是最忠诚的人了。凡是能"信"的人，必是能"忠"的人，所以孔子最注重"信"。他说：

　　　　人而无信，不知其可也。大车无輗，小车无軏，其何以行之哉？
　　（《为政》）

又说：

　　　　道千乘之国，敬事而信，节用而爱人，使民以时。（《学而》）

"敬事而信"就是说"忠"于国家的事情，"信"字已经把"忠"字的意义包括在内了。"忠""信"实在一件事，只要能"信"，自然能"忠"。"忠"字不可捉摸，"信"字较有凭证，由"信"入"忠"，自较简便。"信"与"恕"均为入德之门，而其究竟，要不外乎"忠"。不"信"不"恕"，决不能"忠"，亦决不能"仁"。"忠"至十分，自然能"仁"。孔子的"仁"字并不是一个不可捉摸的标语，由"信"而"忠"，由"忠"而"仁"，做人自有一定的阶段。所以孔子教人，必以"忠""信"。《论语》上载着：

　　　　子以四教：文，行，忠，信。（《述而》）

孔子自己也说：

　　　　主忠信。无友不如己者，过则勿惮改。（《学而》）

又说：

　　　　言忠信，行笃敬，虽蛮貊之邦行矣。言不忠信，行不笃敬，虽州
　　里行乎哉？（《卫灵公》）

"忠""信""恕"都与"仁"有一贯之理可以相通，所以孔子常说"忠"与"信"与"恕"，其究竟不外乎教人为仁。"仁"字太理想，太广泛，故用较为确实的方法做入"仁"之门。"仁"为最完善、最高尚的目标，而切实的方法还在于能"恕"，能"信"，能"忠"。

仁与直

　　能"忠"能"信"的人必为中心坦直、无私曲的人，无私曲而坦直的人

决不是"巧言令色"的人，"直"的重要于此可见。四教之中虽只有"忠""信"，但是在孔子的心目中，直道确是为仁的必要条件。做人要能够"忠"，能够"恕"，能够"信"，必先要能够"直"。"忠""恕""信"虽似不同的德行，而贯彻"忠""信"、"忠""恕"的原则不外乎坦直，三者之中自有相通之理。"君子坦荡荡"就是因为心直的缘故，"小人长戚戚"就是因为中心歪曲的缘故。孔子所恨的是欺诈，所以说：

> 人之生也直，罔之生也幸而免。（《雍也》）

欺罔之中，尤其是当面说好话、背后说坏话，最为孔子所痛恨，因为毁誉不真，是非混淆，风俗人情败坏于不知不觉之中，所以孔子不愿意有乡人皆好之名誉，亦不愿意以德报怨而沽美名。孔子说：

> 吾之于人也，谁毁谁誉？如有所誉者，其有所试矣。斯民也，三
> 代之所以直道而行也。（《卫灵公》）

可见在毁誉之中，孔子竭力的保存直道，提倡"忠""直"的风气。孔子的治国方法也主张用坦直的人而去不直的人，使仁者能握政权而不仁者自然受淘汰。孔子以为能够分别"直"与"不直"，是知人的唯一方法，而这种选举直人的方法，非但是知人的智慧，而且是爱人的道德。"举直错诸枉"是由"智"达"仁"的唯一途径。《论语》上载着：

> 樊迟问仁。子曰："爱人。"问知。子曰："知人。"樊迟未达。
> 子曰："举直错诸枉，能使枉者直。"樊迟退，见子夏，曰："乡也，
> 吾见于夫子而问知。子曰：'举直错诸枉，能使枉者直。'何谓也?"
> 子夏曰："富哉言乎! 舜有天下，选于众，举皋陶，不仁者远矣。汤
> 有天下，选于众，举伊尹，不仁者远矣。"（《颜渊》）

孔子以为"唯仁者，能好人，能恶人"，就是因为仁者心中坦直，不为私曲所蔽，故能认识坦直的人，并且坦直的人能吸引坦直的人，所以仁之①之所好必是应当好的人，仁者之所恶必是应当恶的人。所好所恶一归于至公，都是因为直道的缘故。"巧言令色"之人，则一切行为尽是伪态，本心的好恶无从表现其天真，众人的好恶，亦因私曲而不能明了，自欺欺人之徒，终于害人而害己。所以孔子说：

> 巧言令色鲜矣仁。（《学而》）

仁与刚毅

"仁"的哲学注重在人，注重在实行，所以需要刚强勇敢的人。刚强勇敢，

---

① "之"，黄子通《儒道两家哲学系统》本作"者"，当据改。

方才能够决心去做事，赤心去待人。性情刚强的人，必是意志坚强的人。意志坚强就是能下决心，能坚持到底。坚持到底就是"毅"，能下决心就是"刚"，"刚"与"毅"实在是一事。没有决心的人，不能坚持到底的人，什么小事都不能做，何况要去做"克己"的功夫，做救世的事业。忠于人、忠于世的种种困难，必须有极坚强的意志，方始能够克服，能够有坚忍的意志去尝试，什么事情都能够成功。冒险和尝试可以包括我们一生的事业，冒险与尝试简直是人生的代名词。世界上那有一件事不是由于冒险尝试而来！心理学已经证明：凡是进行事情，取得一种经脸，都是从"尝试"与错误中来的。没有勇气，就不能尝试；没有毅力，就不能忍受痛苦去改正错误。所以勇敢与毅力是为仁的必要条件。孔子说：

刚毅木讷近仁。（《子路》）

又说：

仁者必有勇，勇者不必有仁。（《宪问》）

又说：

见义不为，无勇也。（《为政》）

按：罗素（Bertrand Russell）以为中国民族有四大弱点：第一缺乏开创事业的勇气，第二贪钱，第三不直，第四不能忠于一个团体。他以为中国人最大的病根就是当面不说直话，背后喜欢批评。还有许多外国人以为中国人不能合作。其实，孔子已经把做人的道理说尽了。当面不说直话，而背后议论人之长短，就是不直，同时，也就是不信。不能合作与不惜公款都是由于不忠。刚毅，就是西人所谓勇气。

仁与礼

要学做人之道，莫如走入人群，与人接触，与人磨擦，惩创一己的偏见，去除个人的癖好，改正旧有的恶习。磨练日久，言语行为自能适合于团体的生活。这就是"复礼"功夫，也就是"克己"功夫。孔子所谓"克己复礼"都是从事实中磨练出来的，合礼与不合礼都是指一身的动作，决不是主敬主静的宋明哲学家所能梦想得到的。没有忙迫的事情，促动我们的注意力，怎能主敬？没有动作，集中我们的思想与意识，怎能主静？即使坐禅入定，与人群有何关系？孔子的做人之道决不如此。因为孔子的"克己复礼"是一贯的，所以不必分做两层说，先去克私欲，再去"复礼"。"复礼"的经验完备了，"克己"的功夫也就完成。所以孔子对颜渊说了"克己复礼"以后，只解释怎样"复礼"，而没有说怎样"克己"。因为除了"非礼勿视，非礼勿听，非礼勿言，非礼勿动"以外，并没有"克己"功夫，"视""听""言""动"合乎"礼"，"己"已"克"了，入于社会也就合式了。即此，可见孔子的"仁"，全在于事实与动作的世界之中讨生活。宋明的哲学家，对于这一点，误会最深！

仁与家国

孔子生在农业时代，而且其时中国民族开辟黄河流域未久，土旷人稀，非奖励安土重迁、从事于农业不可，所以主张家族主义。在农业国家，家族观念必较注重，只有工业发达的国家才能发生个人主义。在注重家族主义的国家，一切道德当然以家族道德为基础，所以孔子注重孝弟。他说：

> 君子务本，本立而道生。孝弟也者，其为人之本与！（《学而》）

"为人之本"这句话，不过说"孝""弟"为一切道德的开始，而不是说"孝""弟"就是"仁"。孔子的"仁"还在于"修己以安百姓"。孔子并没有像后代儒家那样重孝道、尊重家族主义。孔子的道德系统是以"亲亲"为始点、"仁民爱物"为终点。"笃于亲"，就是"使民兴于仁"；"不遗故旧"，就是"使民不偷"。

"仁"虽为做一个至善之人的目标，"仁"的究竟却不限于个人。专求独善其身的人，决不能称为"仁"。要做到"仁"，必须兼善天下。所以管仲帮助了桓公，九合诸侯，不以兵车，孔子称之为"仁"。孔子说：

> 桓公九合诸侯，不以兵车，管仲之力也。如其仁，如其仁！（《宪问》）

又说：

> 管仲相桓公，霸诸侯，一匡天下，民到于今受其赐。微管仲，吾其被发左衽矣。（《宪问》）

又说：

> 弟子入则孝，出则弟，谨而信，泛爱众，而亲仁。行有余力，则以学文。（《学而》）

可见为仁之道，从"孝""弟"开始，而以"爱众""亲仁"为究竟。孔子的理想是要盼望人家把自己的人格弄好，然后再去救人，使天下的人都成为好人。以个人的修身为始点，以治国、平天下为终点。达到了平天下，"仁"的目的也就完成了。孔子说：

> 君子笃于亲，则民兴于仁；故旧不遗，则民不偷。（《泰伯》）

又如《论语》所载：

> 子路问君子。子曰:"修己以敬。"曰:"如斯而已乎?"曰:"修
> 己以安人。"曰:"如斯而已乎?"曰:"修己以安百姓。修己以安百
> 姓,尧舜其犹病诸。"(《宪问》)

凡是一个大哲学家,总以人的问题为问题,以解决实在问题而创哲学。哲学并不是凭空虚构的。只有哲学教授们,才从书中去找哲学问题。孔子为应付当时的实在问题,才提倡家族主义,才提倡"孝""弟"。家族主义之注重固当推原于孔子;如果在二十世纪的工业时代而尚以家族主义为重,则非孔子之过。

仁与实行

后代讲道德的人,尚空谈、讲书本者居其多数。所以一般人总以为讲道德的人是腐儒,与事实的世界毫无关系。其实,孔子讲"仁",首重实行,而不重空谈。孔子最恨"巧言令色"之徒,所以说:"仁者其言也切。"又说:"为之难,言之得无切乎?"孔子告樊迟说:"仁者先难而后获,可谓仁矣。"就是因为"知之非艰,行之惟艰",所以要劝人先从难的行为入手,不可轻易的空谈做人之道。孔子说:"刚毅木讷近仁。"也是因为性情刚强而有毅力的,性情质朴而少言语的,都是尚实行的人。可见不能实行的人,就不配谈道德,更说不到"仁"。

《论语》中还有一个"道"字,似乎应当说明,它的意义究竟是什么?细细的研究起来,"道"字不过是相传下来的一个通用的名词,并不是孔子所发明的专门名词。"仁"字所包虽广,究有一定的含义,"道"字则定义含糊而用处各各不同。"朝闻道,夕死可矣"似乎专指做人之道而言,但是有的地方就指治国的方法而言。即如孔子说:

> 天下有道,则礼乐征伐自天子出;天下无道,则礼乐征伐自诸侯
> 出。(《季氏》)

又说:

> 天下有道,则政不在大夫。天下有道,则庶人不议。(《季氏》)

这几个"道"字,都是指治国的方法,并不是做人之道。有人以为"道"字与"仁"字可以等同,这是错误的见解。讲到做人的时候,"道"字与"仁"字果然相类,但是"道"字还可以浑指其他的方法。孔子所用的"道"字是很随便的,并且没有人问孔子,"道"是什么?也没有人问怎样去求"道"?可见"道"是一个普通的名词,不是一个专门名词。

"礼"

"礼"是中国思想史中特有的名词，它最初的含义是宗教上的仪式。这样的解释，可以说，是与孔子的哲学无关。孔子心中的"礼"字包含有三种意义：第一，礼节态度；第二，风俗习惯；第三，制度典章。指礼节态度的"礼"字，在《论语》中很多。即如孔子说：

> 恭而无礼则劳，慎而无礼则葸，勇而无礼则乱，直而无礼则绞。

（《泰伯》）

又说：

> 居上不宽，为礼不敬，临丧不哀，吾何以观之哉？（《八佾》）

又如子夏说：

> 商闻之矣，死生有命，富贵在天。君子敬而无失，与人恭而有礼。四海之内，皆兄弟也。君子何患乎无兄弟也。（《颜渊》）

又说：

> 知及之，仁不能守之，虽得之，必失之。知及之，仁能守之，不庄以莅之，则民不敬。知及之，仁能守之，庄以莅之，动之不以礼，未善也。（《卫灵公》）

又说：

> 生事之以礼，死葬之以礼，祭之以礼。（《为政》）

这许多"礼"字有一个共同的意义。依孔子看来，人类有共同的情感，共同的道德观念。尤其是君子的意见，更足以代表舆论，代表社会的公共意见。凡是一种行为而为社会所公认的，或是君子所承认的，那就不得不奉行而为正当的行为。如果不遵守社会公认为适当的风俗与习惯，那就必须受到社会的耻笑、君子的责备。如果不顾这种耻笑与责备，毅然去独断独行，那就要扰乱秩序，社会不得安宁。一个社会的团结全靠这种力量，丧失了这种力量，社会的组织必须解体。所以思想上起了大革命，社会必经一番扰乱，因为向来团结社会的公共意见，丧失了它的威权。甚至于向来的公共意见，也因为新思想的渗入，产生了分歧的意见，而不能作为公共的意见。在这种状态之下，只有靠少数对新思想有共同信仰的人，以身作则，表演这种理想。同时又必须有一种坚强的政治组织，有一种彻底的哲学系统与贯彻这种意见的计划，然后公共意见才能重新产生，以前所有的社会裁判力也能重新恢复。这种裁判力恢复以后，它就可以节制不正当的欲望，培养一般人的道德习惯。这种习惯养成以后，于是乎人人都可以各尽其力，各守其职，而社会的安宁与快乐也因之得以产生。所以孔子这样重"礼"。所引的前四条似乎专讲人的"礼节"，而"生事之以礼"一条已经含有习惯、名分的意思在里边，不单是个人的礼貌而已。看了下面的例子，更可以证明"礼"字含有风俗、习惯的意义。孔子说：

> 麻冕，礼也；今也纯俭，吾从众。拜下，礼也；今拜乎上，泰也，虽违众，吾从下。（《子罕》）

这一条可以表现公众行为与习惯的冲突，而并且表示孔子怎样去提倡一种新的公共意见。孔子对于"麻冕"的方式赞成新意见而反对旧习惯，对于"拜下"与"拜上"则反对新意见而赞成旧的风俗。

由习惯的养成、名分的规定，扩而大之，至于家庭、社会、国家的组织，那就把国家的组织与法律都包在内了，所以"正名"是礼治主义的主要作用。所谓"正名"就是要在政府中有地位的人，都照国家的组织法，各守其职分，不逾越权限，不侵犯责任。做君主的应守做君主的职分，做臣子的应守做臣子的职分，其余均照此类推。《论语》说：

> 齐景公问政于孔子。孔子对曰："君君，臣臣，父父，子子。"（《颜渊》）

这就是"正名"的意思。使人各就其职、各尽其分，则国家的机构运行，一切组织不等于虚设。换句话说，凡是一个国家，应有一定的组织、一定的规则，定了这种法律与制度，人人都应照此去做。所以"正名"是推行礼治的基础。《论语》说：

> 季康子问政于孔子。孔子对曰："政者正也。子帅以正，孰敢不正？"（《颜渊》）

孔子又说：

> 苟正其身矣，于从政乎何有？不能正其身，如正人何？（《子路》）

又说：

> 其身正，不令而行。其身不正，虽令不从。（《子路》）

这几个"正"字都含有"正名"的意思，并不是普通所谓讲道德、有品行。各人的道德固然要紧，但是一个"乡人皆好之"的好好先生并不能整顿国家。孔子所讲的"正"字乃是正名分的意思。因为是正名分，所以与治理国家有密切的关系。在春秋时代，封建制度已渐渐破坏，孔子想恢复王室，整理封建旧制度，更非"正名"不可。孔子心中的"正名"就是要"礼乐征伐自天子出"，并不是只讲褒贬的虚名而已。要知道"正名"与"礼""乐"的关系，看了以下一段，就可以明白：

　　子路曰："卫君待子而为政，子将奚先？"子曰："必也正名乎。"
子路曰："有是哉！子之迂也！奚其正？"子曰："野哉由也！君子于
其所不知，盖阙如也。名不正，则言不顺；言不顺，则事不成；事不
成，则礼乐不兴；礼乐不兴，则刑罚不中；刑罚不中，则民无所措手
足。故君子名之必可言也，言之必可行也。君子于其言，无所苟而已
矣。"（《子路》）

这一段就是说：假若一个政治家，没有一定的哲学，没有把君与臣、君与民的
职分先行规定，定几条约法，那末，立法就没有根据了。有了立法的根据，然
后可以规定制度，推行教育与文化。建立了制度，推行了教育，养成了文化的
水准，刑罚也就适当了。"名不正则言不顺"，就是说，没有几条约法（The
Law of Constitution），就没有组织法（Constitution）——普通称为宪法——没有
组织法就不能有好的组织。"制礼作乐"就是颁布组织法，创设政治机构，布
置训练民众的教育事业，以及推行文化工作。可见不正名，则活的政治就不能
推动。孔子真是一个富有历史眼光、富有组织思想的大政治家与大哲学家。

　　或以为孔子的政治哲学，只在于正名主义，这是误会。孔子所重的是
"礼"与"乐"，正名主义是礼治主义中一种方法。"正名"这种方法，实在是
法家哲学的先导。一个皇帝不论其年纪如何小，知识如何幼稚，为臣子的人，
总要为皇帝尽忠，为皇帝殉节。所以要殉节的缘故，并不是对这个人有什么情
感，有什么敬仰。所有一切的情感与信仰，都是因为他是一国的元首，一国最
高的制裁者。皇帝是国内一切机关、一切发号施令的代表者，皇帝也就是各种
机关中的一个机关。大贤大哲所殉者乃是为此人的职务，所重者为机关，为名
义，而不是为具体的个人。所以一个年老有学问的重臣，可以为一个在襁抱中
无知识的小孩殉职。孔子明知世袭君主，不能保其必贤，如果能以机关推动
之，则君主贤否，无关重要，一国之政治可以永久不敝。就这一点而论，孔子
实在是一个很明白法治精神的人。法治的精神不过是以机关去代替人治而已。
孔子的礼治主义虽极注重人为感化，但是礼治的一大部分还在于组织与机构。
所以儒家之中出了一个荀子，他的礼治几近于法治，惜乎荀子一派为后世所排
斥，以致孔子的哲学湮没了一半。到了今日，法治主义反为法家所专有，这不
免有误会孔子的地方。礼治主义虽与法治主义不同，但是法家的来源还是孔
子。近年来有许多人说过，根本无所谓法家，法家的哲学是由儒家的礼、道家
的无为，演变而来的。有了墨家的名学与平等观，法的观念格外明白，可惜后
代儒家不明白礼治的精义，让礼治主义湮没于不明不白之中。后代主张礼治的
人，大多主张贤人政治，把礼治中组织与法律一部分都放弃了；同时又把法家
的哲学误会了，以为法家都是主张专制，主张弄术、弄势的人。追溯其源，还

是由于误会了孔子的礼治主义。如果能明白礼治的优点在于正名，礼治主义的弱点在于偏重人为的感化，去其短而取其长，那末，法治的好处也不难明白了。由礼治而法治乃必然的结果。

"正名"实在是"礼"的一部分，并不是一种独立的主张。"礼"是行政的工具而不是空谈的理想，所以"正名"也不只是虚名的褒贬。孔子一直到年老，没有方法实行他的礼乐主义的时候，才去笔削《春秋》，用褒贬的方法去宣传他的主张，这是没有办法的办法。如果以为孔子的"正名"只不过是褒贬的虚名，那就误会了孔子的抱负。世界上没有一个大政治家只想用教育方法去治理国家的。孔子的笔削《春秋》的确含有教育作用，这是因为没有实行的机会，孔子才想用教育方法，造成一种空气，培养出一般懂得礼治主义的政治家，去实现孔子未竟的志愿。我们可以说《春秋》一书在于褒贬，而不可说孔子的"正名"只在于褒贬。孔子既经能够说"君子名之必可言也，言之必可行也，无所苟焉①而已矣"，可见他不是一个空言的理想家。

在孔子的心目中，一个国家的成立有两种要素：一种是国家的制度与机构，即英文所谓 Institutional Civilization；一种是一个民族的文艺，如音乐、文学、艺术之类，即英文所谓 Cultural Civilization。这两种要素必须同时推进，单有好的制度而没有文艺运动（即现在所谓文化运动）为之推进，制度亦必终于毁灭。如果没有精密的组织与有效的机构，则虽有文艺的人才，文艺运动也不会产生。孔子的精神与魄力都能兼顾到这两种要素。他既有政治的天才，懂得实际政治的组织；他又有文艺的蕴蓄，能够删《诗》《书》、定礼乐。如果他能握有政治的大权，他必定能创设精密的政治制度，同时他又能发起一种新的文艺运动。到了那时候，孔子的理想就能实现了。所以孔子的政治理想不单是主张"礼治"，而且主张"乐治"，"礼""乐"二字实可以代表孔子的理想政治。在孔子的心目中，"礼""乐"二字含义实在甚广，决不是普通所谓礼节与音乐。所以孔子说：

> 礼云礼云，玉帛云乎哉！乐云乐云，钟鼓云乎哉！（《阳货》）

这里明白的说出，"礼"不只是礼仪、礼节，"乐"不只是音乐。单是懂音乐而没有文艺的培养，音乐的用处亦就失了。难道如《礼记》所载的繁文细节还要孔子去厘定吗？懂了这两句话，就可以知道《礼记》是一部伪书。孔子所讲的"礼"乃是国家的制度，而不是跪拜的细节；孔子所讲的"乐"也不是乐谱的细节，而是整个的文艺。所以制礼作乐乃国家的大事，其权必操之于天子。孔子说：

---

① 《论语·子路》、黄子通《儒道两家哲学系统》本均无"焉"字，当据删。

> 天下有道，则礼乐征伐自天子出；天下无道，则礼乐征伐自诸侯
> 出。自诸侯出，盖十世希不失矣；自大夫出，五世希不失矣；陪臣执
> 国命，三世希不失矣。天下有道，则政不在大夫。天下有道，则庶人
> 不议。(《季氏》)

这段是说国家制度的改革与建设、文化事业的推进，必由中央政府去计划。组织的严密，文化的统一，尽系于此。要证明"礼"字是制度而不是礼节的意思，例子很多。即如孔子说：

> 夏礼吾能言之，杞不足征也。殷礼吾能言之，宋不足征也。文献
> 不足故也。足则吾能征之矣。(《八佾》)

又说：

> 殷因于夏礼，所损益，可知也。周因于殷礼，所损益，可知也。
> 其或继周者，虽百世可知也。(《为政》)

孔子所讲的"礼""乐"的"礼"，即到了现在，它的本意，也没有完全失掉。如《五礼通考》的"礼"字，即指制度而言。"礼"字的难于了解，是因为忽而礼节，忽而风俗习惯，忽而国家的制度与组织；并且由习惯、风俗变而为公认的规矩，由公认的规矩、礼节，推而广之，以至于社会的组织、国家的制度都包括在内，一贯相承，自有演进之序。分开来说，就把"礼"字的精意失了。"礼"字的特点就在于此，"礼"字的难解也就在于此。不懂得英国的"法"字的人，总以为英国是一个法治的国家，他的法律必定是很严格的。并且讲到法律，大家都从狭义的一方面去讲"法"字，大家只想到法庭上判决刑事罪犯的法律。殊不知纵的一方面讲，"法"的发展与"礼"的发展颇有相同的地方。英国的"法"字（Law）亦由习惯而规矩，由规矩而变为国家的大经大法。《韦伯士脱大字典》说：

> 法是一个社会中人人所当遵守的风俗与习惯，这就是行为的方式
> 与规则，大家认为不得不奉行的。如果违反了这种方式与规则，必定
> 有一个权威去制裁他。

英国虽为一个法治的国家，但是她①根本没有成文法。上至宪法，下至于民刑诉讼，尽是许多习惯，习惯的规矩就是法律。英国的法庭判案都靠前例。美国的宪法虽是成文法，但美国的民刑诉讼还是靠习惯，并没有成文法。简而言之，英国的法律全由风俗习惯演变而来的，与孔子所说的"礼"完全相同，因为"礼"亦是风俗习惯所承认的规矩。所不同者，"礼"的制裁力在于社会的批评，"法"的制裁力在于法庭的威权。或者以为"礼"根据于习惯，法治则

---

① "她"，前文及黄子通《儒道两家哲学系统》本均作"他"，当据改。

以编著之法令为重。从以上的比较看来，法治与礼治的分别并不在此。就以现代的法治国家而论，也有用不成文法的。英国全用不成文法；美国除宪法而外，民刑诉讼亦用不成文法；德国则完全用成文法。

除习惯问题以外，我们对于"礼"的误会之处很多。约略言之有五点。

第一，许多人把孔子的"礼"字与"仁""义""礼""智"的"礼"字看作一样东西。殊不知"仁""义""礼""智"四德，到了孟子的时候才有的，这是孟子的发明。孟子说：

> 恻隐之心，仁之端也。羞恶之心，义之端也。辞让之心，礼之端也。是非之心，智之端也。（《孟子·公孙丑章上》）

在孟子的哲学系统中，"礼"是内心的态度。他说：

> 仁之实，事亲是也。义之实，从兄是也。智之实，知斯二者，弗去是也。礼之实，节文斯二者是也。（《孟子·离娄章上》）

"仁""义"既是内心的态度，所以调节"仁""义"的"礼"也是态度。有了"仁""义""礼""智"的发□[①]，"礼"字的意义更加复杂了。其实，"仁""义""礼""智"的"礼"字完全是另一回事，与孔子所说的"礼"字，毫无关系。如果把这两个"礼"字混在一起讲，"礼"字更难解释了。孟子所说的是"仁"与"义"，而"义"字尤为孟子哲学的中心，"礼"与"智"的责任只是副作用，只是知道与调节"仁""义"而已。孔子的哲学中心在于"仁"，而"仁"的表现在于"礼"，除"仁"字以外，没有一个字比"礼"字更为重要。如果在人群之中，一切行为都无私心，都无偏见，公私的分际分明，人我的权限清楚，那就是"仁"。"复礼"与"克己"的功夫是分不开的。这样看来，"礼"的地位，何等重要。孔子心中的"礼"字与英国人心中的"法"字一样的严重，孔子所谓"非礼"几乎等于英国人的"无法"（Lawless）。孔子对颜渊说："非礼勿视，非礼勿听，非礼勿言，非礼勿动。"差不多一身的行为都在"礼"字中了。行为不合乎公共的意见与君子的评断，就是"非礼"。假若行为"非礼"，就不能存在于社会之中。"非礼"之严重性，于此可见。后代的人把"不法"两字代替了"非礼"两字，"非礼"两字的严重性就失掉了。

第二，我们向来有一种偏见，以为法家的本领只是弄"术"、弄"势"、弄"刑"，殊不知"术""势""刑"都是法家所反对的（参见《韩非子》）。法治主义下的严刑峻法正是一丝不苟的施行法律。如果能做到法令齐一，"刑罚必于民心"，"有耻且格"这种程度也就可以做到了。以影响而论，法治与礼

---

① 此处原空缺一字，黄子通《儒道两家哲学系统》本作"明"，当据补。

治也没有什么差别。

第三，或者以为"礼"主积极，"法"主消极。这样似亦不很确实。"礼"确是注重积极的规矩，但是现在文明国家的法律，大都是教人做什么而不是教人不许做什么，如宪法之类，民法中一部分也是如此。用孔子的眼光去看，恐怕现代文明国家的法律大部分都是"礼"。

第四，孟子的政治哲学偏重人治，荀子的政治哲学偏重法治，因为偏重人治的孟子主张法先王，偏重法治的荀子主张法后王，便有人以为法先王的人绝对不能主张法治。其实，"法先王"与"法后王"并不是礼治与法治的分别。法治的先进国如英国，到了今日，还引用罗马法为一切判例的根据。这不是说，我们不赞成荀子的法后王，而是说：主张法治的人不一定"法后王"。

第五，或者以为"礼"注重阶级，"法"注重平等。这也是错误的见解。"礼"是随时代变迁的，封建时代有封建的"礼"，就是天子、君、卿、大夫、士、庶人，这是有阶级的"礼"。大同时代有大同的"礼"，那就是平等的"礼"。用现代话来讲，可以说，资本主义时代有资本主义的"礼"，社会主义时代有社会主义的"礼"。法国革命时代所提出的三个口号："自由""平等""博爱"，也就是"礼"。即如"自由"的含义，无非是要人保持自己的权利，而亦不得侵犯别人的权利。严复译为"群己权界"，这正是"礼"的本义。"礼"无非是要人各守自己的本分、各保自己的权利，同时也不侵犯别人的本分、别人的权利。所以"复礼"必须"克己"，"克己"必须"复礼"。尊重别人的权利，正是要尊重自己的权利。人己的权利是互有关系的，不尊重别人的权利，决不能保持自己的权利。在社会中学习怎样与人合作，怎样吸收别人的意见，怎样贡献自己的长处，这就是"克己"功夫。人我本是一贯的，除了群的生活以外就没有做人之道，把人与团体的关系摆得四平八稳就是"礼"。这种四平八稳的方法是随时代而变迁的。"礼"的方式与政治制度、经济状况都有关系，所以封建时代的"礼"是有阶级的，民主政治的"礼"是平等的。"礼"与阶级制度并无必然的关系。

如果用"礼不下庶民，刑不上大夫"这两句话来做"礼"主阶级的证明，也是不准确的。因为孔子就想把教育文化普及于民众，而达到人人守"礼"、人人知耻的阶段。"礼"的推行全靠人格与教育养成一种舆论，去制裁群众的行为。教育文化不到的地方，礼治就不能推行。在孔子的时候，只有士大夫阶级才受过教育，可是在庶人一阶级以内，"礼"是不能收效的。犹之现在报上的批评对于能够看报的人是有效的，对于毫无知识的人是无效的。孔子是一个眼光远大的思想革命家，他知道一国的力量全靠民众，只要民众好，国家就好。所以他要普及文化，推行礼治于全国。梁任公以为儒家的目的要使上等社会的"礼"普及于全国,这是很对的。但是他以为法家要使下级社会的"刑"普及于全国,那是不对的。因为"刑"不是"法"而是为法家所反对的。"法"是从"礼"中演变出来的,而不是从"刑"之中产生的,刑罚不过是执行"法"的一种工具而已,并且刑罚成了"法"的附属品以后,刑罚便受了大大的限制。(这一点胡适已经说明)

依我看来,礼治与法治的分别有两大要点:第一是权威问题,第二是社会与道德的起源。以哲理而论,第二点更为重要。以实际而论,第一点更为清楚。

如果制裁的权威只是社会的耻笑、舆论的评判,虽一切礼俗都编为法令,其结果,还是礼治。如果制裁的权威,是一个法定的机关,批评的方式能客观而齐一,评判的结果有具体的效能,如罚钱、罚刑之类,那就是法治。虽一国都应用习惯的规矩而不用成文法,仍旧不失为一个法治的国家。如果有了法庭、有了警察,解决两造的争端还是讲情面、讲调处,判断争论的手段只是讲价还价的变相,那就是礼治。因为你让一点,他让一点,说得好听,就称为礼让。用法的眼光去看,你让一点,我让一点,是马虎而不公平的办法。"法"与"礼"的分别就在此,成文与不成文是没有关系的。

用哲理去追溯礼治与法治的来源,我以为这两派根本的分别乃由于儒家与法家对于人类的观点不同。儒家以为性善(荀子是介于儒、法之间的人,应作为例外),法家以为性恶。孔、孟两家以为人生下来就有同情心,就能爱礼节;而法家则以为人的生性是爱争斗的,智欺愚、强凌弱乃常有的事。韩非子就以为父子之间并没有什么爱情的。《韩非子·六反篇》说:

> 今上下之接,无父子之泽,而欲以行义禁下,则交必有郤矣。且父母之于子也,产男则相贺,产女则杀之。此具①出父母之怀衽,然男子受贺、女子杀之者,虑之后便,计之长利也。故父母之于子也,犹用计算之心以相待也,而况无父子之泽乎?

《管子·君臣篇》说:

> 古者未有君臣上下之别,未有夫妇妃匹之合,兽居群处,以力相征。于是智者诈愚,强者凌弱,老幼孤弱,不得其所。故智者假众力以禁强虐而暴人止。

《管子·枢言篇》说:

> 人故相憎也。人之心悍,故为之法。

---

① "具",《韩非子·六反篇》及黄子通《儒道两家哲学系统》本均作"俱",当据改。

《商君书·开塞篇》：

> 天地设而民生之。当此之时，民知其母而不知其父，其道亲亲而爱私。亲亲则别，爱私则险。民生①众而以别险为务，则有②乱。当此之时，民务胜而力征。务胜则争，力征则讼，讼而无正，则莫得其性也。故贤者立中，设无私，而民曰③仁。当此时也，亲亲废，上贤立矣。凡仁者以爱利为务，而贤者以相出为道。民众而无制，久而相出为道，则有乱。故圣人承之，作为货财男女之分。分定而无制，不可，故立禁。禁④而莫之司，不可，故立官。官设而莫之一，不可，故立君。既立其君，则上贤废而贵贵立矣。

荀子虽为儒家的支派，但是他的根本思想已经转变，与法家相同，而不是儒家的本色。荀子承认："自然人"是要争斗的。荀子说：

> 礼起于何也？曰：人生而有欲。欲而不得，则不能无求。求而无度量分界，则不能不争。争而乱，乱则穷。先王恶其乱也，故制礼义以分之，以养人之欲，给人之求，使欲必不穷乎物，物必不屈于欲，两者相持而长，是礼之所起也。

荀子以人性为恶，所以改善人性，惟有用强制的方法。这种强制的方法，依荀子看来，就是"礼"；依法家看来，就是"法"。孔子所说的"礼"字实在与荀子所说的"礼"字不同。就习惯与制度而论，"礼"字与"法"字的确相同。但是孔子倾向性善，特别注重人情之可以互相感应，而荀子则注重行为之强制。荀子虽亦言"礼"，但是"礼"字的意义已经变了。因此，我们可以知道"礼"字与"法"字的真正区别。"礼"字的本义注重互相感应，"法"则注重互相钳制。荀子的"礼"字已不能代表"礼"字的本义了。

法家以为人本来没有什么道德观念，因为要互相团结，以保持生存，不得不想出一种道德来，维持社会的秩序。儒家则以为"礼""义"之心是天生的，只要培养与扩充，"礼""义"自能及于人群的全体。孔子以为人生下来，就有仁爱之心的，从"仁"之中，就能发展出礼节的观念。反过来说：日常礼节亦能磨练出为仁的道理来，"克己复礼"就是"仁"。因为"礼"的观念是人性中本有的，所以好"礼"之心，可以互相感应。孔子说：

> 上好礼，则民莫敢不敬。上好义，则民莫敢不服。上好信，则民莫敢不用情。（《子路》）

---

① 《商君书·开塞》无"生"字。
② "有"，《商君书·开塞》作"民"。
③ "曰"，《商君书·开塞》作"说"，范钦天一阁本作"曰"。
④ 《商君书·开塞》后有"立"字。

孟子把"礼"字演变为"义"字，而且更明白的主张：人性之中本有"义"。他说：

> 心之所同然者，何也？谓理也，义也。（《孟子·告子章上》）

法家以为人性本恶，所以要有精密严整的法律，去严加管束。儒家以为人本性善，所以要有宽大的"礼"，培养人的本性。譬如一个站岗的警察，以为凡是穿长袍、服装整齐的人必定是君子，那就不能瞅着街上的行人，去监督群众了。行人的服装无论如何整齐，警察必须假定他为有偷窃的可能。如果眼中看出来，个个行人都是君子，用不着去瞅，用不着去监督，那就是一个最坏的警察。反过来说，凡是做校长的人必得假定每一个学生都是可造之材，如果不是这样假定，教育就没有意义了。一个校长用了警察局长的方法，每班上都派有侦探，那是极坏的校长。儒家、法家对于人类出发点不同，正是这两方应有的假定，不是偶然的异同。有了性善的前提，才有礼治的结论；有了性恶的前提，才有法治的结论。

礼治主义者相信人是善的，人情是一样的，所以礼主于情。以情为可靠，故主张主观的裁度，而不主张客观的判断；以人为善的，所以主张有为。法家相信人性是恶的，人情是变幻无穷的，所以法主于理。以理为重，故主张客观的判决，而不主张主观的裁度；以客观的事实为重，故主张无为。我们对于理①治与法治，虽有种种不同的说法，其根本的原因还在于人性善恶之不同、国家起源之不同。

孔子的礼治处处从教育与培养方面着眼，所以孔子的礼治主义对于教育一方面的影响大，对于政治一方面的影响小。以孔子的魄力而论，孔子确是一个大政治家，但是孔子之偏重德化，在政治上确有困难。像孔子那样人格去做了一个具有哲学家资格的皇帝（Philosopher-King），孔子的礼治不难推进。但如没有孔子那样的人格去做皇帝，那末，礼治中的人为成分，便足为推行礼治的障碍。因此，孔子所想创设的政治制度，始终没有传下来，而孔子的教育影响反遗留千古。到了今日，孔子只成了一个教育家，而不是一个政治家。

政治的推进、法令的施行，专靠文化运动，断不能成功。推动政治与法令，究竟在于权威之督促。至于权威从什么地方产生的？产自君主个人，还是产自少数执政者，还是全国的民众？权威产生以后，应当寄托在什么地方？立法权与司法权是否应寄托在一个机关或是两个独立机关？这类问题当时的人全没有想到，以为都是很简单的。所以礼治主义者以为只要君主能正其身，能够站在君主的范围以内，不逾越他人的职分与权限，一切的政制与法令自能照原

---

① "理"，黄子通《儒道两家哲学系统》本作"礼"，当据改。

定的计划推行。但是专制君主是一个最有权力的人，谁能使他必守范围，不逾越权限呢？

法治主义以为有了一种公布的法律，自然能大家遵守，自然能整齐划一。他们全没有想到：谁去立法？谁去司法？这种天真的态度是法家与儒家所共有的，根本分不出高下。我们讲法治与礼治的分别，全是从理论上着想的。至于"法"的客观评判，用什么方法才能得到呢？主理不主情的法治，假使没有民众的监督，如何得到呢？这类问题，在当时法家，并没有答案。

礼与义

"义"字是一个值得研究的字。在孔子的哲学系统中，"义"字不过是诸德中之一德，并不如"仁"字之重要，但是到了孟子的手里，便成了一个极重要的名词。"义"字是孟子哲学的中心，与"仁"字同等看待，并且还比"仁"字更为重要。孔子所用的"义"字的含义究竟是什么？

"义"是对人有分际、讲公道的意思，与"礼"字相似。孔子说：

> 君子义以为上。君子有勇而无义为乱，小人有勇而无义为盗。
> （《阳货》）

又说：

> 勇而无礼则乱。（《泰伯》）

这两个例子里边的"礼"字与"义"字，简直含有同样的意义，看不出什么分别来。有时候"义"字的含义，虽与"礼"字大略相同；而"义"字的意义似乎专指内心的态度，"礼"字只指外边行为。但是这两个字都是指分际界限而言。孔子说：

> 君子义以为质，礼以行之，孙以出之，信以成之。（《卫灵公》）

"义""礼""孙"三个字的意义非但相似，并且有连带关系。孔子以为心中有了分际的认识，态度有了谦逊的习惯，日常行为自能遵守制度与规律，这三种德行是一贯的。不过"义"指内，"礼"指外，"孙"则范围较为狭小。参考了以下一段，更可以明白"礼"与"义"的关系了：

> 樊迟请学稼。子曰："吾不如老农。"请学为圃。曰："吾不如老
> 圃。"樊迟出。子曰："小人哉，樊须也！上好礼则民莫敢不敬，上好
> 义则民莫敢不服，上好信则民莫敢不用情。夫如是，则四方之民，襁
> 负其子而至矣，焉用稼？"（《子路》）

知道了"礼"与"义"的联系性，我们就可以明白孟子的"义"字是从"礼"字中推演出来的。我们可以说"义"是精神，"礼"是躯壳。"礼""义"虽有

这样的连带性，但是在孔子的心目中，"礼"字更为重要，而且可以包括"义"字。所以孔子不常讨论"义"字的含义，弟子中也只有问"仁"的，而没有问"义"的。从这样的连带关系中，我们更可以明白"义"是人我之间适当的分际。换句话说，"义"就是公道。所以孔子说：

> 见得思义。(《季氏》)

又说：

> 见义不为，无勇也。(《为政》)

又说：

> 不义而富且贵，于我如浮云。(《述而》)

这里的"义"字就是公道，不轻易取与。"不义"就是不公道与欺诈。朱子亦把"其使民也义"的"义"字解作公道、分际的意思。朱子说：

> 使民义，如都鄙有章、上下有服、田有封洫、庐井有伍之类。

> (见《公冶长》"子产有君子之道四"章注)

照这样解释的"义"字，更与"礼"字不能分别了。

"教育哲学"

孔子有极伟大的政治哲学，而且志在实行，惜乎不为时势所许而不得行其志，终于他的一生事业只在著书与教育，他的影响只在于人格化人与作育人材。因此后世的人，总以为孔子是一个大教育家，好像与苏格拉底相仿佛。其实，孔子到了不得已的时候，才愿做苏格拉底所做的事业。他的志愿还在于做政治家，实行他的政治主张。他做鲁司寇的成绩就可以告诉我们，他的确有政治的天才，不像苏格拉底那样，只是一个欢喜辩论、喜欢冥想的人。孔子的人格，既是一个理想家，又是一个实行家。换言之，孔子是一个哲学家而兼政治家。后世的人，没有他那种天才，妄想去学他，就生出一种坏影响，使得个个读书人都想做官，不肯专心致志，去完成他们的专门学问。这是后人误解孔子的地方。以学问为目的而求学问的态度，孔子表示得极其明白。"发愤忘食，乐以忘忧，不知老之将至"，就可以知道，孔子是以学问为目的，而不是以学问为手段的。以学问为敲门砖，完全是科举制度的遗毒，非但不为孔子所许，并且也不是中国古来求真学问的人所许可的。孔子明明的说："古之学者为己，今之学者为人。""为己"就是求心安理得，求一个真理；"为人"就是为名为利，以他人的毁誉为转移。"人不知而不愠，不亦君子乎"，就是表明孔子的衷心，乐于求学问的态度。孔子以为一个人真能以求学问为快乐的事业，方始能够求得真正的学问。他说："知之者不如好之者，好之者不如乐之者。"

学

孔子的教育宗旨首在实行。他所谓"学"是在社会之中与自然环境之中，寻求经验，少说话，多做事，而且要时时刻刻做事。在事实之中求改正，在经验之中求改良，这才是真正的好学。孔子说：

> 君子食无求饱，居无求安，敏于事而慎于言，就有道而正焉，可谓好学也已。(《学而》)

在这几句话之中，没有一句说到书本上的学问。现在的人，似乎不容易想到，孔子这样一个以学问为终身事业的人，居然不以书本为重。其实，在孔子的时候，书本就很少，一切经验都是学问。并且没有一个大哲学家不是从人的社会之中、自然的环境之中，找出问题来的。从纸片中找出问题来的人，决不是大哲学家，也不是一个真正有学问的人。一切的学问，本是活的经验，就是书本上的理论与原则，也是从许多特殊事实中归纳出来的。只因为口头讲经验，不容易传之远久，所以笔之于书，非但使当代的人能够知道，并且使后代的人也能知道。书本本是一种传递经验的工具，并且是一种没有办法的办法。直接观察得来的事实才是最宝贵的经验、最切实的知识。所以孔子说：

> 吾尝终日不食，终夜不寝，以思，无益，不如学也。(《卫灵公》)

这几句话非但反对书本上的知识，并且告诉我们，专门去空想是无用的。从前有许多读书人，以为学问是从心里头想出来的。殊不知一切经验与知识都是从外面来的。孔子一生的行事都能表明这种意思。求学的宗旨要在于实行，而不在于空言。"聪敏"的"敏"字，在孔子眼中看来，只不过是快快的做事而不是思想的灵活。孔子总是用"敏"字去描写做事的，即如"君子欲讷于言而敏于行"与"敏于事而慎于言"这两句话，就是很好的例子。

孔子的主张非但要在事实中求学问，而且要在事实中表现出他的学问来。换句话说：学问就是解决人的问题。即如人与人的关系，人与自然的关系，能够解决社会中一切问题，能够对付自然的环境，就是聪敏的人。孔子所谓"学"就是如此。孔子所谓"知"、所谓"学"，简直与"行"有同样的意义。孔子以为在事实中所得到的经验，还要时时去身体力行。孔子说：

> 学而时习之，不亦说乎？(《学而》)

这里的"习"字就是"实习""练习"的意思。做事的时候才能"练习"，冥想的时候是不能"练习"的。孔子所用的"学"字与"思"字对待的。孔子说：

> 学而不思则罔，思而不学则殆。（《为政》）

从这两句看来，"学"与"思"截然是两件事，而不能混为一谈。同时，我们可以知道，孔子亦不专重经验。他以为经验与思想必须同时并进，单去空想而没有经验，只有冥想中的学问、纸片上的知识。单有琐碎的经验而没有原则，有系统的知识就组织不起来，无论经验如何丰富，终于无用。《论语》上载着：

> 子曰："赐也，女以予为多学而识之者与？"对曰："然。非与？"
>
> 曰："非也。予一以贯之。"（《卫灵公》）

"一以贯之"就是把思想组织起来，成为有系统的知识。凡是有用的知识都是组成系统的知识，片断的知识不能称为真知识、真学问。在这心理学与逻辑发达的时代，这一点更容易明白了。

孔子既经承认在事实的世界之中才有学问，而事实的世界又必定常常变动，不像书本中的学问，一经印出，可以千年不变的。孔子心目中的学问是常常可以发见错误、常常应当改正。因为要修正、合乎实在问题，所以求学问的方法，重在随时讨论，不像书本中的学问，专以信仰崇拜为能事。孔子说：

> 德之不修，学之不讲，闻义不能徙，不善不能改，是吾忧也。
>
> （《述而》）

"学之不讲"的"讲"字就是讨论的意思。要时时讨论与改正，然后可以吸收正确的经验。这几句话中，都是说做事做人。可见所学的决不是空想的知识与书本上的学问。即如孔子说到自己为学的态度，也没有说到冥想与书本。孔子说：

> 若圣与仁，则吾岂敢。抑为之不厌，诲人不倦，则可谓云尔已
>
> 矣。（《述而》）

君　子

孔子的教育宗旨只在于教人做一个好人，做人之外，没有学问。所有一切经验，对于社会的知识，对于自然的知识，归根结蒂，都是用来帮助我们做人。孔子对于自然的知识未尝不丰富，只是因为一切学问都是为做人而用，所以没有提出"自然的知识"为一种最后的目标。因此，我们就不觉得孔子对于自然也有深切的研究。孔子对子贡道：

> 赐也，女以予为多学而识之者与？（《卫灵公》）

这句话固然侧重在一贯之道，但是子贡既有这种误会，可见孔子的确多见多闻，对于自然界有丰富的知识。"多识于鸟兽草木之名"这句话可以证明，在

孔子的心目中，对于自然的研究也是必要的学问。孔子并不像后代的考据家那样，只比较版本，只考据字义，而于鸟兽草木之名茫然不晓。

孔子不愿把自然的知识特别提出，而专以做人为求学的目标，遂使后世的人发生误解，拘执孔子的成见，而不知发挥光大。其实，孔子的重人观念也是时代使然，与希腊的贤者并没有两样。苏格拉底就是一个追求做人之道的人，因为追求做人，而追求至善；因追求至善，而追求知识。德即知（Virtue is Knowledge）这句话原是追求德行的结果。由伦理学而渐渐转入知识论的途径，全在柏拉图与亚里斯多德之发挥光大。以苏格拉底与孔子相比，孔子毫无愧色。

孔子的做人教育，到了后代，竟一变而为不管闲事、做好好先生的教育，这是一个极大的错误。孔子心中的完人是要能够齐家，能够治国、平天下。换言之，"君子"是一个标准的社会人。这个社会人非但要与社会发生关系，并且要尽其所能，贡献与社会。这样的完人，孔子称之为"君子"。"君子"是一个极难解释的名词，"君子"本是在封建社会中，上层阶级的名称。那时候的阶级共分君、卿、大夫、士、庶人五等，除国君以外，卿、大夫、士则称为"君子"，庶人则称为"小人"。孔子有时用"君子"与"小人"等名词，是指阶级的分别，而不是指人格的高下。孔子说：

> 君子学道则爱人，小人学道则易使也。（《阳货》）

这里的"小人"明明是指庶人而言，"君子"是指卿、大夫、士的阶级而言。又如孔子说：

> 君子义以为上。君子有勇而无义为乱，小人有勇而无义为盗。
>
> （《阳货》）

这里的"君子"与"小人"也是上流阶级与下流阶级之分。

但是《论语》中，孔子所说的"君子"，大多数是指有人格、有道德的人。大概"君子"这名称，在孔子的时候，用法已经不甚严格。尤如英国的Gentleman 一字，原是指有阶级的男人而言，与 Lady 对称；但是到了现在，只要是个体面的人，都可称为 Gentleman。用 Lady 一名词来比，更加明白。一方面，凡是受过英王的封典的女人得正式称为 Lady 某某；但是，另一方面，凡是体面的女人，通称为 Lady。"君子"，一方面，是有阶级的人的称呼；但是，一方面，凡是体面的人都是"君子"。孔子再加以哲理化，以为凡是有学问、有品格的人，才是真的"君子"。在孔子的心目中，"君子"是一个完人。不过"君子"这样完人，大多数的人都可以做得到的。"圣人"则比"君子"更高一等，只有少数的人才能做到。"为仁"就是"君子"应当做的工夫，达到了"仁"就完成了"君子"的资格。"圣"就是做"圣人"的资格，比"仁"

更难一点，但是也不是做不到的。孔孟时代的"圣人"并没有像后代那样神化，所以伊尹、伯夷、柳下惠等孟子都称之为"圣人"，与孔子相比。到了朱子的时候，"圣人"简直是一个"神人"，只可以崇拜而不可以仿效。孔子对于"君子"这名称，加以哲理化，并不是把旧名词加以改良，而是对封建制度掀起一种革命。"君子"本是贵族阶级的名称，生来如此，而非人力所能挽回的。生在士大夫之家则称为"君子"，生在庶人之家则称为"小人"。哲理化以后的"君子"，就没有贵贱、贫富之分。所以孔子说：

> 君子固穷，小人穷斯滥矣。（《卫灵公》）

"仁"是做人的目标，"君子"是有道德的人的名称，所以"君子"与"仁"是不能分离的。"君子"的一生事业在于求"仁"，得到了"仁"，就完成了"君子"的责任。孔子说：

> 君子去仁，恶乎成名？君子无终食之间违仁，造次必于是，颠沛
> 必于是。（《里仁》）

"君子"的事业在于为仁，所以"君子"的品格重在实行，因为实行乃为仁的必要条件。孔子所谓"知"全在于找问题、找经验，与后世的"知"完全不同。孔子说：

> 君子欲讷于言而敏于行。（《里仁》）

又在《论语》上载着：

> 子贡问君子。子曰："先行其言而后从之。"（《为政》）

"君子"的责任就是齐家、治国、平天下。最先的责任在齐家，所以道德生活当以孝弟为始，因为孝弟可使家庭之间互守秩序。君子最后的责任，在于治国、平天下，所以道德生活当以"修己以安百姓"为终点，因为安百姓是平天下的必要条件。孔子虽把"君子"与"小人"这两个名称变为德行上的分别而不是封建制度中的分别，但是他始终把"君子"看作人民的领袖。所以孔子说：

> 君子之德风，小人之德草，草上之风必偃。（《颜渊》）

孔子称赞子产，具备四种"君子"的道德。细细的研究起来，孔子所称的四种道德，都是做领袖的资格。孔子说的"其行己也恭，其事上也敬，其养民也惠，其使民也义"（《公冶长》），尽是卿大夫应有的道德，而不是平民的道德。除"行己也恭"一句外，都是事上与治民的方式。即如"君子喻于义，小人喻于利"（《里仁》）这两句话也没有后来那样哲理化。孔子心中的"小人"，就是一般农夫与小商人，所以说他们"喻于利"；"君子"则是以道德的资格治理百姓的人，所以说"喻于义"。孔子说"君子怀德，小人怀土"（《里仁》），更可以证明这一点。义利之辨，到了孟子，才真正的哲理化了。这不

是说，孔子心目中没有自私与公道的分别，只不过说，"君子喻于义，小人喻于利"这两句话，另有历史上的意义的。

君子是一国的领袖，以治国保民为责任，所以孔子称赞管仲曰："如其仁！如其仁！"子路与子贡都以管仲之不死公子纠为不忠，而孔子独许其为"仁"，只因为管仲能救中国民族，所以孔子郑重地说："微管仲，吾其被发左衽矣。"曾子的用"君子"亦有同样的意思。他说：

> 可以托六尺之孤，可以寄百里之命，临大节而不可夺也。君子人
> 与？君子人也！（《泰伯》）

孔子所称的"君子"虽带有领袖的意义，但是孔子始终注重在人格。《论语》上载着：

> 司马牛问君子。子曰："君子不忧不惧。"曰："不忧不惧，斯谓
> 之君子已乎？"子曰："内省不疚，夫何忧何惧？"（《颜渊》）

孔子又说：

> 君子谋道不谋食。耕也馁在其中矣，学也禄在其中矣。君子忧道
> 不忧贫。（《卫灵公》）

"君子"一身的修养全在于使官能的敏捷，实事求是的研究问题，对人对团体的忠诚，以达到救人救国的目的。这样的人格与后代的读书人相比，实在是相差太远了。孔子说：

> 君子有九思：视思明，听思聪，色思温，貌思恭，言思忠，事思
> 敬，疑思问，忿思难，见得思义。（《季氏》）

后世的人都以为孔子是主张中庸之道的，但是在《论语》里边很少看见孔子用到"中庸"这名称。至于发挥中庸之道的理论更不容易找了。（注）只有孔子说到做人的态度似乎表现中庸之道，但是只能说是一种态度，而不是一种学说，因为并没有理论发挥出来。孔子说：

> 君子贞而不谅。（《卫灵公》）

又说：

> 君子矜而不争，群而不党。（《卫灵公》）

又说：

> 君子周而不比，小人比而不周。（《为政》）

又说：

> 君子和而不同，小人同而不和。（《子路》）

又说：

> 君子惠而不费，劳而不怨，欲而不贪，泰而不骄，威而不猛。
> （《尧曰》）

这几个例子似乎是说明"君子"有"中庸"的态度，但是孔子不常提出"中庸"二字为口号。并且这几种态度不过说明君子的行为适当，并没有不偏不倚的意思。在孔子自己的解释之中，更得不到"中庸"的理论。孔子用"因民之所利而利之"去解释"惠而不费"，用"择可劳而劳之"去解释"劳而不怨"，用"欲仁而得仁"去解释"欲而不贪"，用"君子无众寡，无大小，无敢慢"去解释"泰而不骄"，用"正其衣冠，正①其瞻视，俨然②望而畏之"去解释"威而不猛"。这就可以看到孔子申说的理论与"中庸"并无关系。孔子所说的五种态度，似乎是"中庸"，而达到这种行为全是直截了当的方法，不是懂得"中庸"的人才能做到的。如果孔子真有发挥"中庸"的理想，他所主张的"礼"字，他所发明的"仁"字，已经包有"中庸"的好处，而没有"中庸"的模糊。"中庸"不是被人误作骑墙，便是被人误作过分小心的"执一"，所谓"执中无权，犹执一也"。"仁"为贯通人我的原则，"礼"为划分人我的界限，极清楚，极明白，可以做得到的，何必再要添一个不容易明白的"中庸"呢？大概孔子的态度，的确能表现出恰如其分的精神，他的弟子就从这种态度之中，模拟出一种学说来，所以有《中庸》一书。但是在《中庸》一书之中，孔子就说到"中庸不可能也"。孟子是一个极能懂得孔子的人，他亦极力的攻击"中庸"。即以孔子所描写的态度而论，亦只能说，孔子的眼光远，孔子的心思细，凡是一件事，四方八面都能顾到，与不偏不倚之中，确有差别。

注：《论语》中明白提出"中庸"者一条，提出"中行"者一条，列于左：

子曰："中庸之为德也，其至矣乎？民鲜久矣。"（《雍也》）

子曰："不得中行而与之，必也狂狷乎？狂者进取，狷者有所不为也。"（《子路》）

（完）

---

① "正"，《论语·尧曰》、黄子通《儒道两家哲学系统》本均作"尊"，当据改。
② 《论语·尧曰》、黄子通《儒道两家哲学系统》本后均有"人"，当据补。

商君书研究

王启湘

第一编　绪　论

欲研究《商君书》，有几个问题，应当首先解决。（1）法家的《商君》，与兵权谋家的《公孙鞅》，是否一书。（2）太史公谓商君天资刻薄，故卒受恶名于秦，是否商君定评。（3）书中疑问颇多，究竟理由安在。（4）书中颇杂有商君死后事实，其书是否伪撰。（5）仿效商君政策，应从何着手。兹将各问题分为五章，逐一说明于左，以当绪论。

第一章　法家的《商君》，与兵权谋家的《公孙鞅》，
是否一书

考班固《汉书·艺文志》，有出、入、省重、互见诸例。出者，若兵权谋家出《司马法》百五十五篇入礼是也。入者，若兵技巧家入《蹴鞠》二十五篇是也。省重者，若兵权谋家省《伊尹》五十一篇、《太公》三①百三十七篇、《管子》八十六篇、《荀卿子》三十三篇、《鹖冠子》一篇、《苏子》三十一篇、《蒯通》五篇、《陆贾》二十三篇、《淮南王》内二十一篇、外三十三篇九家六百二十一篇重是也。原注误作"二百五十九"，刘奉世误作"五百二十一"，兹特改正。互见者，若《诸子略》法家有《商君》二十九篇，鞅封于商，故曰商君。《兵书略》权谋家有《公孙鞅》二十七篇是也。姓公孙氏，名鞅。盖商君与公孙鞅为一人，特以《诸子》为刘向所校，《兵书》为任宏所校，两人所见，各有不同。刘向以为法家，题曰《商

---

① "三"，《汉书·艺文志》作"二"。《汉书·艺文志》著录《太公》有《谋》八十一篇、《言》七十一篇、《兵》八十五篇，正合二百三十七篇之数。然以后文"六百二十一篇"之统计而言，恐"三"字为王时润有意改易。

君》，入之《诸子》；任宏以为兵权谋家，题曰《公孙鞅》，入之《兵书》。班氏见其实有兼长，难为轩轾，遂因仍不改耳。此互见之例所由来也。又农家有《神农》二十篇，颜师古注引刘向《别录》，以为疑李悝[①]及商君所说。余尝谓商君以法家而兼兵、农，夫固信而有征矣。且《商君书》多兵家权谋，而《更法篇》屡称公孙鞅，《定分篇》亦称"公问于公孙鞅"，此任宏所由即以《公孙鞅》名其书也。余尝疑法家、兵家所载，实即一书，特篇目多寡微有不同耳。然据陈振孙《书录解题》所称，则宋本《商君书》亦只二十七篇。今本二十六篇，加入《立法篇》逸文，《群书治要》引，误作《六法》，兹依严可均说改正。适符二十七篇之数。疑商君原书如是。七、九两字草书形近，是以致讹耳。《兵书略》既分权谋、形势、阴阳、技巧四家，而班氏乃云："权谋者，以正守国，以奇用兵，先计而后战，兼形势，包阴阳，用技巧者也。"信如斯言，则除孙、吴、种、蠡外，实非商君不足以当之。吾故谓法家之《商君》，与兵权谋家之《公孙鞅》，实即一书也。

第二章　太史公谓商君天资刻薄，故卒受恶名于秦，是否商君定评

余尝谓太史公之诋商君，意实在于讥汉武，所谓借秦为喻也。实则商君之所措施及其人格，亦颇有无愧于孔、孟、尧、舜之处。兹简单说明于下。《商君列传》载："鞅为大良造三年，大良造即大上造，是为秦爵第十六级，晋二级为关内侯，晋四级为彻侯，秦爵至二十级止矣。筑冀阙宫庭于咸阳。秦自雍徙都之，而令民父子兄弟同室内息者为禁。"谓禁止人民父子兄弟及其配偶者同在一室之内寝处也。又鞅谓赵良曰："始秦戎翟之教，父子无别，同室而居。谓父母与诸子诸媳杂居一室也。今我更制其教，而为其男女之别，大筑冀阙，营于鲁、卫矣。"此商君无愧于孔、孟之证也。《战国策·秦策一》载："孝公疾且不起，欲传商君，辞不受。"高诱注："传，犹禅也。"吾国古代帝王最为人所崇拜者，莫如尧、舜，以其能公天下也。而商君乃能薄秦王而不为，此商君无愧于尧、舜之证也。且《战国策》谓："商君治秦，法令至行，公平无私，罚不讳强大，赏不私亲近，法及太子，黥劓其傅。期年之后，道不拾遗，民不妄取，兵革大强，诸侯畏惧。"《史记》谓："行之十年，秦民大悦，道不拾遗，山无盗贼，家给人足。民勇于公战，怯于私斗，乡邑大治。"《新序》谓："孝公保崤、函之固，以广雍州之地，东

---

① "悝"，《汉书·艺文志》颜师古注作"悝"，当据改。

并河西，北收上郡，国富兵强，长雄诸侯。周室归籍，四方来贺，为战国霸君。秦遂以强，六世而并诸侯，皆商君之谋也。夫商君极身无二虑，尽公不顾私，使民内急耕织之业以富国，外重战伐之赏以劝戎士。法令必行，内不阿贵宠，外不偏疏远，是以令行而禁止，法出而奸息。"今本《新序》无此文，见裴骃《史记集解》引。其誉之可谓至矣。由《战国策》《史记》《新序》所言观之，则商鞅之相孝公，虽管仲之治齐、国侨之治郑、诸葛亮之治蜀、王猛之治秦，何以过之？然管、国、葛、王诸贤，皆为人所称颂，而鞅死秦民弗怜者，虽不免成败论人之见，然亦鞅应付失当有以致之。盖鞅变法之初，下令期年，秦民之国都之，犹往也。言初论①之不便者以千数，此犹郑人之歌"孰杀子产"也。及三年，百姓便之；行之十年，秦民大说，古与"悦"通。此犹郑人之歌"产死谁嗣"也。商君之于反对派，初未尝中之以法，可谓有子产不毁乡校之风矣。乃商君对于初言论不便、后来言论便者，辄斥为乱化之民，尽徙之于边城，以致其后民莫敢议令，此实为商君大失人心之处，所以冤死而秦民弗怜也。余尝谓富国强兵，法家固较儒、道收效为捷；保身处世，儒、道究较法家应付为优，即以此也。世之志在救国者，诚能取儒、道之所长，辅法家之所短，则治国之能事毕矣。至于太史公之诋商君，意实在于讽汉武帝，亦犹之苏子瞻之诋商君，意实在于讥王荆公，均非商君不易之定评也。

第三章　书中疑问颇多，究竟理由安在

民国四年，余撰《商君书斠诠》既讫，再版时更名《集解》。同学刘君肃和系北平新闻界名记者，笔名少少，游学日本法政大学时，与余同学。曾举所疑以难余。余条举其说，答之于下。

（1）以奸民治善民。

谨按：《定分篇》云："夫不待法令绳墨而无不正者，千万之一也，故圣人以千万治天下。故夫智者而后知之，不可以为法，民不尽智；贤者而后知之，不可以为法，民不尽贤。"所谓"以千万治天下"，盖谓当时之民，愚不肖者多，贤智者不过千万之一，故以治愚不肖之法治天下，庶几"明白易知""使万民皆知所以避祸就福"，而"无陷于险危"耳。语详《定分篇》。《去强篇》云："国以善民治奸民者，必乱至削。国以奸民治善民者，必治至强。"《说民篇》云：

---

① "论"，《史记·商君列传》作"令"。后同。

"以良民治，必乱至削。以奸民治，必治至强。"亦谓当时之民，习于诈伪，良善少而奸民多，不可以治良善之法治之耳。盖以治良善之法治奸民，则失之宽，宽则民无所畏。以治奸民之法治良善，则失之猛，猛则民不敢犯。子产谓火烈民畏，水懦民玩，亦斯义也。

（2）求过不求善。详《开塞篇》。

谨按：《画策篇》云："善治者，刑不善而不赏善，故不刑而民善。不刑而民善，刑重也。刑重者，民不敢犯，故无刑也。而民莫敢为非，是一国皆善也，故不赏而民善。赏善之不可也，犹赏不盗。故善治者，使跖可信，而况伯夷乎？不善治者，使伯夷可疑，而况跖乎？势不能为奸，虽跖可信也；势得为奸，虽伯夷可疑也。"此即商君求过不求善之旨也。

（3）刑九赏一。详《开塞篇》。

谨按：刑九赏一，即刑多赏少之谓也。《开塞篇》云："以刑治则民威，当读若畏。下同。民威则无奸，无奸则民安其所乐。以义教则民纵，民纵则乱，乱则民伤其所恶。吾所义者，利之本也。"义""利"二字，各本互误，今据文义校正。而世所谓义者，暴之道也。夫正民者，以其所恶，必终其所好；以其所好，必败其所恶。中略。吾以此效刑之反于德而义合于暴也。""此"字各本误在"吾"上，今校改。"效"误作"杀"，依俞氏樾《诸子评①议》校改。效，明也。反，归也，合也。此商君所以主张多刑而少赏也。

（4）以礼乐、《诗》《书》、修善、孝弟、诚信、贞廉、仁义、非兵、羞战为六虱。详《靳令篇》。

谨按：谓之六虱，而列举九事；下文又云"国有十二者"，其说殊不可通。六虱之称，当依《去强篇》为是。说详德清俞氏《诸子平议》引载拙著《商君书集解》。《去强篇》云："农工商三者，各本"工"误作"官"，今校改。国之常官也。三官者生虱官者六，曰岁，曰食，岁谓水旱偏灾，食谓食众生寡。此二者皆农之虱。曰玩，曰好，玩谓玩弄器具，好谓嗜好物品。以贩卖二者为业，则为商之虱。曰苦，曰行。各本"苦"误作"志"，今校改。苦谓出品粗恶，行谓器不坚牢。此二者皆工之虱。六者有朴必削。三官之朴三人，即指农人、商人、工人而言。六虱之朴一人。"各本误作"六官"，今校改。一人，谓元首也。元首贤明，斯无六虱矣。此六虱之定名也。然余谓商君傥以礼乐、《诗》《书》等为六虱，则亦有故。昔管子之治齐，尝以礼、义、廉、耻为四维；

---

① "评"，为"平"之讹，后文均作"平"，当据改。

而商君之治秦，乃以礼乐、《诗》《书》等为六虱。此亦犹孟言性善、荀言性恶也。盖管子之张四维，意在崇礼、义、廉、耻之真；商君之诋六虱，则意在斥礼乐、《诗》《书》等之伪。二者似异而实同，即庄生之讥诸侯以仁义窃国，儒者以诗礼发冢，其义亦犹是也。

由上各条观之，则世之怀疑于商君者，皆不达商君之真谛者也。余故为疏通而证明之，期于商君之旨无悖而已。

第四章　书中颇杂有商君死后事实，其书是否后人伪撰

查《徕民篇》有"自魏襄以来"及"周军之胜""华军之胜""长平之胜"等语。考魏襄王元年即梁襄王。为秦惠文君四年，距商君之死已四年。周军之胜，盖指秦昭王十四年，白起攻韩、魏于伊阙，系周地。斩首二十四万一事而言，距商君之死已四十五年。华军之胜，盖指秦昭王三十四年，据《秦本纪》则在三十三年。白起击魏华阳军，斩首十五万一事而言，距商君之死已六十五年。长平之胜，则指秦昭王四十七年，白起杀赵长平卒四十五万一事而言，距商君之死七十八年。又《弱民篇》有"秦师至鄢郢""唐蔑死垂涉"之语。考白起拔楚鄢、邓五城，在秦昭王二十八年；其拔郢、烧夷陵，则在二十九年，距商君之死约六十年。唐蔑即唐昧，据《史记·楚世家》，秦与齐、韩、魏共攻楚，杀楚将唐昧，取重丘，在楚怀王二十八年，即秦昭王三十六年，距商君之死已六十七年。皆非商君所及见。盖孝公卒后，惠文王恨商君次骨。刘向《别录》载："尸佼为商君客，商君谋事画计，立法理民，未尝不与佼规之。商君被刑，佼恐并诛，乃亡逃入蜀。"据《史记集解》引。然则商君门客弟子，决不敢于惠文王在位之时宣布商君著述。则本书之公布，必为商君再传、三传弟子无疑，是以书中不免杂有商君死后事实。犹之仲尼弟子有若少孔子四十三岁、曾参少孔子四十六岁，而《论语》首篇已称二人为有子、曾子，则《论语》之为书，殆亦出于孔子再传、三传弟子无疑也。凡读周、秦古书者，但问其是否有益于今日之国家社会，而无以词害意焉，斯为善读古书者矣。

第五章　仿效商君政策，应从何着手

商君相秦，国富兵强，其急则治标之策，厥惟垦草、徕民二事而已。《垦令篇》凡二十条，实为当时着手之初步。概括言之，则不外乎保护、奖厉、干

涉三者而已。盖国民不待政府之诱掖，而自勤于垦植，则政府必须有以保护之。国民不能自勤于垦植，而有须于政府之诱掖，则政府必须有以奖厉之。国民不为政府之奖厉所激劝，而仍懈怠于垦植，则政府必须有以干涉之。此《垦草令》所以为商君更法之首务也。至《徕民篇》要旨，则为"故秦事敌，新民作本"两言而已，即所谓"令故秦兵，新民给刍食"是也。商君招徕农民之术，对于本国之民，则十年不起征；对于韩、魏之民，则三代不还粮，即所谓"复之三世"。故其收效为最速。兹将《垦令》、此篇为《垦草令》的说明书。《徕民》两篇，揭诸左方，以为效法商君者之初步。

甲、《垦令》第二　更分为二十条，说明于左。

（1）无宿治，"无"，与"毋"通。则邪官不及为私利于民，而百官之情不相稽。"百官之情不相稽"，此句各本脱，参俞校补。则农有余日。邪官不及为私利于民，则农不"敝"。农不"敝"而有余日，则草必垦矣。"敝"字，范钦本作"救"，严万里本作"败"，均误。盖"救"因形而误，"败"因声而误也。兹依崇文本及俞校改。

德清俞氏名樾，字荫甫，号曲园。《诸子平议》云："此当作：无宿治，则邪官不及为私利于民，而百官之情不相稽。邪官不及为私利于民，则农不敝。百官之情不相稽，则农有余日。农不敝而有余日，则草必垦矣。"

谨按：俞氏补"百官之情不相稽"句，当矣，然以为必在"邪官"二句下，则殊不然。此文两"百官"句当相连。下文云："使商无得籴，农无得粜。农无得粜，则窳惰之农勉疾。商无得籴，则多岁不加乐。"又云："声服无通于百县，则民行作不顾，休居不听。休居不听，则气不淫。行作不顾，则意必一①。"皆先承次句，后承首句，与此一律。且惟其两句适相连接，故写者易致脱误。兹依本书文例补正。

（2）訾粟而税，訾，量也。则上壹而民平。上壹则信，信则官不敢为邪。"官"误作"臣"，据俞校及下文改。民平则慎，慎则难变。谓人民不为邪说所煽变也。上信而官不敢为邪，民慎而难变，则下不非上，中不苦官。下不非上，中不苦官，则壮民疾农不变。谓农不变业也。下同。壮民疾农不变，则少民学之不休。少民学之不休，则草必垦矣。

（3）无以外权爵任与官，谓不可使奸人挟外权以自重，而为之赐爵，任用予官也。则民不贵学问，谓当时游说纵横之学也。又不贱农。民不贵学则愚，谓诚朴也。愚则无外交，无外交则国勉农而不偷。民不贱农，则国安不殆。国安不殆，勉农而不

①　"一"，《商君书·垦令》及后文均作"壹"，当据改。

偷，则草必垦矣。

（4）禄厚而税多，食口众者，败农者也。则以其食口之数赋"赋"，各本误作"贱"，兹依瑞安孙氏（名诒让，字仲容，号籀廎）《札迻》改。而重使之，则辟淫游"惰"之民无所于食。程荣、陈仁锡两明本及崇文书局本均作"游食"，兹依严万里本。"辟淫游惰之"五字各本无，依本书文例补。民无所于食，则必农，农则草必垦矣。

（5）使商无得"粜"，出谷也，他吊切。农无得"籴"。市谷也，徒历切。农无得"籴"，则窳惰之农勉疾。商不得"粜"，则多岁不加乐。多岁不加乐，则饥岁无裕利。谷不熟为饥。无裕利则商怯，商怯则欲农。窳惰之农勉疾，商欲农，则草必垦矣。

谨按："粜""籴"二字，各本互误，义不可通，兹据文义校正。盖商子之意，以农为谷之所自出。如听其市谷而食，则窳惰之农无所惮，将终其身不肯从事于南亩，而荒芜可立待矣。故必使之不得市谷而食，而后窳惰之农勉疾也。商则素不耕稼，势不能不市谷而食。然使挟其多钱善贾之长技，以积谷而居奇，则丰岁可以贱其值而收之，饥岁可以昂其值而出之，一遇水旱偏灾，则无数谨愿农民，其生死悉操之于三数奸商之手，尚何富强之可望？故必使商人不得操出谷之权，而后农、商不以丰歉殊其苦乐。且商必待农而后食，斯商怯而欲农矣。今本"粜""籴"二字上下互误，故其义难通。然周氏《涉笔》已摘此两言诋商君，则二字之互误，盖自宋已然矣。

（6）声服谓淫声异服也。无通于百县，则民行作不顾，休居不听。休居不听，则气不淫。行作不顾，则意必壹。意壹而气不淫，则草必垦矣。

（7）无得取庸，则大夫家长不"见"缮，各本"见"作"建"，兹据明陈仁锡《诸子奇赏》、归有光《诸子汇函》校改。爱子不惰食，惰民不窳，而农民无所于食，是必农。大夫家长不"见"缮，爱子"不惰食"，三字各本无，兹依俞氏校补。惰民不窳，则故田不荒，农事不伤，农民益农，则草必垦矣。

谨按：庸，谓雇庸也。缮，当读为膳养之膳，缮与膳声类同。家长不见膳，谓父不赖子之养也。爱子不惰食，谓子不赖父之养也。父子均自食其力，故无需乎雇庸。仕宦之家且然，何况寻常百姓？是以贾生谓秦人家富子壮则出分，家贫子壮则出赘也。

（8）废逆旅，则奸伪躁心私交疑农之民不行。奸伪躁心私父疑农之民不行①，此句各本不重，兹据文义校补。则逆旅之民无所于食。"则"字据文义校补。逆旅之民无所于食，此句各本不重，兹据文义校补。即必农，即，犹则也，二字古通。《说文》鱼部

---

① 依本文体例，凡王启湘校补之字句均加引号以为标示，此条误脱，当据补。下同。

"鼘"之重文作"卿",即其证也。农则草必垦矣。

归有光云:"逆旅者,传舍也。无逆旅,民无所寄食,则归而农矣。"

(9)壹山泽,则恶去声。农慢惰倍欲之民无所于食。"恶农慢惰倍欲之民"八字各本不重,兹据本书文例校补。无所于食,则必农,农则草必垦矣。

谨按:壹山泽,谓使山泽之利,专壹属之农人,所有山林薮泽之所出,悉成为农产附属物。至于恶农慢惰倍欲之民,不得使之不耕而食,以分农人山泽之利也。

(10)贵酒肉之价,重其租,令十倍其朴。租,犹税也。朴,犹本也。然则商贾少,谓成本太贵,则卖酒肉之人少也。农不能喜酣奭,谓酒肉贵,农人不能醉饱而赤面也。大臣不为荒"饮"。"饮"误作"饱",今校改。商贾少,则上不费粟。民不能"喜"酣奭,严本"喜"误作"善",兹据上文及崇文本改。则农不慢。大臣不"为"荒"饮","为""饮"二字,据上文补。则国事不稽,谓不延滞也。主无过举。上不费粟,民不慢农,则草必垦矣。

谨按:此犹近代之禁煮酒熬糖也。

(11)重刑而连其罪,则褊急之民不斗,很刚之民不讼,怠惰之民不游,费资之民不作,巧谀恶心之民无变也。五民者不生于境内,则草必垦矣。

(12)使民无得擅"徙","徙"字,严氏据元本改。则"愚心躁欲之民壹意,而"上九字各本脱,兹据本篇文例补。诛愚俞氏曰:"'诛'当作'朱'。《庄子·庚桑楚篇》'楚人谓我朱愚',即此文'诛愚'矣。"乱农之民"之"字原误作"农",依孙氏《札迻》改。无所于食。"诛愚乱农之民无所于食",此句各本脱,兹据本篇文例补。而必农。据本篇文例,当作"则欲农"。愚心躁欲之民壹意,则农民必静。农静,诛愚"乱农之民欲农",六字各本脱,兹据本篇文例补。则草必垦矣。

谨按:此即管子使士农工商群萃州处之遗法也。又按:朱愚,犹言诪张。

(13)均出余子之使令,以世使之,又高其解舍,令有甬官食概,不可以辟音避。役,而大官未可必得也,则余子不游事人。"余子不游事人",六字各本脱,兹据本篇文例补。则必农,农则草必垦矣。

昆山归氏曰:"解音廨。余子,家长之子弟余夫也。甬,斛也。概,平斗斛者。甬官,谓量其官。食概,谓量其食。使余子之官与食,一取足于农,不使之游事人而避役以求官爵也。"

谨按:归说甚当,故仍之。

(14)国之大臣诸大夫,博闻辨慧游居之事皆无得为,无得居游于百县,则农民无所闻变见方。农民无所闻变见方,则知农无从离其故事。知,读为智。下同。而愚农不知，不好学问。<small>指当时游说之学而言。</small>愚农不知，不好学问，则务疾农。<small>疾，犹今人言努力也。</small>知农不离其故事，<small>"愚农务疾农"，五字各本脱，兹据本篇文例补。</small>则草必垦矣。

> 谨按：《易·象》上传"后不省方"注云："方，事也。"见方之方，亦当训为事。此言博闻辨慧之人，无得居游于百县，则农民无自而闻见事变也。

（15）令军市无有女子，而命其商，令人自给甲兵，<small>秦士麟、范钦两本均作"自拾"，严氏依元本改"给"。</small>使视军兴。<small>视，犹比也。</small>又使军市无得私输粮者，则奸谋无所于伏，盗输粮者不私稽，<small>稽，留也。</small>轻惰之民不游军市。盗粮者无所售，送粮者不私，轻惰之民不游军市，则农民不淫，国粟不劳，则草必垦矣。

（16）百县之治一形，则从迁"不饰，代"<small>"不饰代"三字各本脱，兹依孙氏校补。</small>者不敢更其制，过而废者不能匿其举。<small>秦本作"匿其过举"。</small>过举不匿，则官无邪人。迁者不饰，代者不更，则官属少而民不劳。官无邪则民不敖，<small>敖，与遨通，谓遨游以避邪官也。</small>民不敖则业不败。官属少"则"征不烦，<small>"则"字，俞氏据本篇文例补。</small>民不劳则农多日。农多日，征不烦，业不败，则草必垦矣。

> 谨按："从迁"二字无义，当为"徙迁"之讹，盖"从"俗作"徙"，与"徙"形近；"遷"俗作"迁"，与"迁"形近，故"徙迁"二字讹为"从迁"耳。下文"迁者"，亦"迁者"之讹。徙迁，指旧令长言，<small>迁者同。</small>犹今人所谓前任。代者，指新令长言，犹今人所谓后任。此言百县令长之政治，须活动于同一法令形式之中。前任迁徙时，固不得任意伪饰；后任替代时，亦不敢借故纷更。此百县之治所由一形也。

（17）重关市之赋，则农恶商，商有疑惰之心。农恶商，商疑惰，则草必垦矣。

> 谨按：农恶商，谓农人不欲从事于商业也。商疑惰，谓商人亦怀疑而懈惰也。此商君重农抑商之本旨也，汉初尚曾行之。

（18）以商之口数使商，令之斯舆徒重者必当名，则农逸而商劳。农逸则良田不荒，商劳则去来赍送之礼无通于百县。<small>"良田不荒，去来赍送之礼无通于百县"，二句各本脱，兹据本篇文例补。</small>则农民不饥，行不饰。农民不饥，行不饰，则公作必疾，而私作不荒。<small>"公作必疾，而私作不荒"，</small>则农事必胜。<small>言胜任也。</small>农事必胜，则草必垦矣。<small>"公作"二句各本不重，兹据文例校补。</small>

> 谨按：令之，犹令其也。《吕氏春秋·音初篇》注训之为其。斯舆徒重，谓商人所雇用之斯养、舆夫、徒隶及载重大车之工人也。当名，犹今所谓注册也。盖上列人等，均须按口抽税，故曰："以商之口数

使商。"

（19）令送粮无取僦，无得反庸，车牛舆重重，载重，大车也。设必当名，然则往速徕疾。"往速徕疾"，四字各本无，兹据文例补。则业不败农。业不败农，则草必垦矣。

　　昆山归氏曰："僦，雇载也，赁也。取僦，取雇载之价也。按：谓雇人代送。反庸，揽私载而归也。按：犹今人所谓带回头货也。如此，则往来迟久，农事废弛矣。"

　　谨按：《左传》昭公元年所谓"十里舍车，终事八反"，此秦后子事。今人谓分段车挑为运，皆此法也。例如六百四十里，分作八段，每段又分作八次是也。

（20）无得为罪人请于史①而饷食之，则奸民无主。奸民无主，则为奸不勉。"为奸不勉，则"奸民无朴。奸民无朴，则农民不败。农民不败，则草必垦矣。

　　谨按：严校本及崇文本于"为奸不勉"下皆作"'农民不伤'，奸民无朴"，兹依明陈仁锡《诸子奇赏》本及俞樾《诸子平议》所据本，删"农民不伤"四字，补下"为奸不勉"句及"则"字。归氏云："朴，根株相附着也，谓为奸民匿主也。"俞氏云："勉，当为免，言为奸者不得免也。朴之言朴属也。《考工记》注：'朴属，犹附着，坚固貌也。'字通作仆。《诗·既醉》传：'仆，附也。'奸民无朴，谓奸民无所附属也。"润按：勉，疑当读为奋勉之勉。大奸不振奋，斯小奸无所附属也。

乙、《徕民》第十六②　　谨按：篇中杂有商君死后事实，说已详前。兹分为九段，说明于下。

地方百里者，山陵处什一，薮泽处什一，溪谷流水处什一，都邑蹊道处什一，恶田处什二，良田处什四。注一。以此食作夫五万，注二。其山陵、薮泽、溪谷可以给其材，都邑、蹊道足以处其民。先王制土分民之律也。今秦之地，方千里者五，而谷土不能处二，田数不满百万，其薮泽、溪谷、名山、大川之材物货宝，又不尽为用，此人不称土也。

　　注一。谨按：崇文本误作"恶田处什一"，秦士麟本误作"良田处什一"。但山陵以下四项，既各居十分之一，则恶田处什二、良田处什四，于义最协，故均依严本。

---

① "史"，《商君书·垦令》作"吏"，当据改。
② 各本《徕民》均为第十五篇。

注二。地方百百①，可以作食②夫五万。秦地方五千里，而下文仅云"足以造作夫百万"者，以归义者既复之三世，而陵阪丘隰又十年不起征故也。

秦之所与邻者三晋也，所欲用兵者韩、魏也。彼土狭而民众，其宅参居而并处。其宾萌贷息，注一。民上无通名，下无田宅，而恃奸务末作以处，人之复阴阳泽水者过半。注二。此其土之不足以生其民也，似有过秦民之不足以实其土也。注三。意民之情，注四。其所欲者田宅也，而晋之无有也信，秦之有余也必。注五。如此而民不西者，秦士戚而民苦也。

注一。各本俱作"寡萌贾息"，其义难通，兹依孙氏《札迻》改。孙氏云："宾萌即客民，对下民为土著之民也。宾萌见《吕氏春秋·高义篇》。贷息，谓以泉谷贷与贫民而取其息。明客民富而土著贫也。"

注二。复者，除其赋役也。详《汉书·高纪》注。"阴阳"，疑"险阻"之误，盖险阻之田硗确，泽水之田低洼，皆不可耕种，因地而复其租税者过半数也。

注三。范钦本、崇文本及俞氏所据本"似"均作"以"。俞氏谓"以"为衍文，非也。"以"，即古"似"字。

注四。意，犹揣测度量也。

注五。俞氏云："信字、必字绝句。"

臣窃以王吏之明为过见，此其所以弱不夺三晋民者，爱爵而重复也。注一。其说曰："三晋之所以弱者，其民务乐而复爵轻也。秦之所以强者，其民务苦而复爵重也。今多爵而久复，注二。是释秦之所以强，而为三晋之所以弱也。"此王吏爱爵重复之说也。而臣窃以为不然。

注一。爱，犹吝也。

注二。谓赐爵过多，免役过久也。

夫所以为苦民而强兵者，将以攻敌而成所欲也。兵法曰："敌弱而兵强。"此言不失吾所以攻，而敌失其所守也。今三晋不胜秦四世矣，注一。自魏襄以来，注二。野战不胜，守城必拔，小大之战，三晋之所亡于秦者，注三。不可胜数也。若此而不服，秦能取其地，而不能夺其民也。

注一。谨按：周威烈王二年丁巳，为秦灵公及魏文侯、韩武子、赵桓子元年。秦自灵公至孝公，凡六世。魏自文侯至惠王，即梁惠王。凡三世。韩自武子至庄侯，凡六世。赵自桓子至成侯，凡六世。秦简公

① 据正文，"百百"为"百里"之讹，当据改。
② "作食"，据前文，为"食作"之倒，应据乙。

十二年，灵至简凡二世。三晋初为侯，是为魏文侯廿二年，韩景侯六年，武至景凡二世。赵烈侯六年。桓至烈凡三世。秦献公九年，灵至献凡五世。魏、韩、赵分晋国，是为魏武侯十一年，文至武凡二世。韩哀侯元年，武至哀凡五世。赵敬侯十一年。桓至敬凡五世。若从初为侯计算，则魏凡三世，韩凡五世，赵凡四世。若从分晋计算，则魏、韩、赵均二世。则"四世"之"四"，疑有讹误。

注二。魏襄在商君后，"襄"字疑误。

注三。考之《史记》纪、表、世家，则秦灵公六年，魏城少梁；七年，秦与魏战少梁；八年，魏复城少梁。秦简公二年，与晋战，败郑下；时为魏文侯十二年、晋烈公七年。十四年，秦伐魏，至阳狐。秦惠公九年，秦伐韩宜阳，取六邑；十年，秦与晋战武城，县陕；时为魏文侯三十六年、晋孝公三年。十一年，秦侵魏晋阴①；即华阴。十三年，魏伐秦，败于武下，秦获魏将识。秦献公十九年，秦败韩、魏洛阴；二十一年，秦章蟜与晋战石门，斩首六万，天子贺；时为周显王五年、魏惠王七年，晋灭已十二年矣。二十三年，秦与魏战少梁，虏其太子。《秦本纪》云：与魏、晋战少梁，虏其将公孙痤。秦孝公四年，秦败韩西山；八年，秦与魏战元里，斩首七千，取少梁。是与秦接触最多者，惟魏及韩耳。而篇中乃浑称"三晋"，亦牵连及之也。

今王发明惠，诸侯之士来归义者，今使复之三世，无知军事。注一。秦四境之内，"境"，古作"竟"。陵阪丘隰，不起十年征，者于律也，注二。足以造作夫百万。注三。曩者臣言曰："意民之情，其所欲者田宅也，晋之无有也信，秦之有余也必。若此而民不西者，秦士戚而民苦也。"今利其田宅，其，犹之也，谓利之以田宅耳。而复之三世，之，犹其也，谓免其三世之力役。此必与其所欲，而不使行其所恶也，然即山东之民无不西者矣。即，与则通。且非直虚言之谓也。不然，夫实旷土，出天宝，注四。而百万事本，事，犹务也。下同。其益多也，岂徒不失其所以攻乎？

注一。谓免其祖孙父子三代力役之征，不使之身临前敌也。

注二。陵阪，以硗确言。丘隰，以低洼言。不起十年征，犹言十年不起征。者，当读为著。著于律，犹汉人言"著于令"也。

注三。"造作"，疑当依上文作"食作"。

注四。严氏谓："一切旧本，并作'且直言之谓也。不然，夫实旷什虚，出天宝'。今案文谊，移'虚'于'言'上，增'非'字，改

---

① "晋阴"，《史记·六国年表》等作"阴晋"，当据改。

'旷土'字。"孙氏谓："严校亦不确。'实圹什虚'，当作'实圹虚'，与《吕览·贵卒篇》'实广虚'义同。严专辄改窜，不可据。"润按："不然"二字疑衍。

夫秦之所患者，兴兵而伐，则国家贫；安居而农，则敌得休息，此王所不能两成也。故三世战胜，注一。而天下不服。注二。今以故秦事敌，注三。而使新民作本，兵虽百宿于外，竟内不失须臾之时，此富强两成之效也。

注一。上文"四世"，亦当改为"三世"。

注二。严氏曰："旧本'服'作'能'，今依文谊改。"

注三。事，犹务也，谓使秦国固有之民，悉服兵役，咸以攻敌为务也。

臣之所谓兵者，非谓悉兴尽起也。论竟内所能，给军卒车骑，令故秦兵，新民给刍食。天下有不服之国，则王以此春围其农，夏食其食，秋收其刈，冬陈其宝。以《大武》摇其本，以《广文》安其嗣。注一。王行此十年之内，诸侯将无异民，而王何为受①爵而重复乎？

注一。俞氏曰："'围'当作'违'，'宝'当作'葆'，皆同声假借。'陈'当作'冻'，形近而误。《周书·大武篇》：'四时：一，春违其农。二，夏食其谷。三，秋收其刈。四，冬冻其葆。'孔晁注：'冻，谓发露其葆聚。'商君所说，即本《周书·大武》之文，故曰'以《大武》摇其本'也。"润按：今本《逸周书·允文解第七》《大武解第八》。孙诒让《斠补》云："'允'当作'光'，'光'与'广'声近，古多通用。"商君所谓"以《广文》安其嗣"，疑即指此篇而言。俞氏因今本《周书》无《广文篇》，遂欲以《文传篇》当之，似欠允洽。

周军之胜、华军之胜，说见第四章。秦斩首而东之。东之无益亦明矣，而吏犹以为大功，为其损敌也。今以草茅之地，徕三晋之民，而使之事本，务本，谓使之耕种也。此其损敌也，与战胜同实。而秦得之以为粟，此反行两登之计也。注一。且周军之胜、华军之胜、长平之胜，三胜均在商君死后，说详第四章。秦所亡民者几何？民客之兵，不得事本者几何？臣窃以为不可数矣。假使王之群臣，有能用之费"此"之半，注二。弱晋强秦，若三战之胜者，王必加大赏焉。今臣之所言，民无一日之繇，官无数钱之费，其弱晋强秦，有过三战之胜，而王犹以为不可，则臣愚"窃"不能知已。"窃"字，依湖北崇文书局《百子全书》本增。

注一。孙氏曰："两登，犹两得也。"润按：两登，犹两成也，孙说

———

① "受"，《商君书·徕民》作"爱"，当据改。

非是。

注二。俞氏曰："上'之'字衍文，'费此'二字误倒。当云'有能用此费之半'。"润按：之费，犹此费也。"此"字盖旧注之误入正文者，"之"字不当衍。或谓当以"有能用之"四字为句，则"之"与"此"复，其说亦非。

齐人有东郭敞者，犹多愿，愿，与尤通。愿有万金。其徒请赒焉，不与，曰："吾将以求封也。"其徒徒①怒而去之宋，曰："此爱于无也。"爱，犹吝也。故不如以先与之有也。注一。今晋有民，而秦爱其复，此爱非其有，以失其有也，岂异东郭敞之爱非其有，以亡其徒乎？且古有尧、舜，当时而见称；中世有汤、武，在位而民服。此三王者，"三"，疑当作"四"。万世之所称也，"也"字疑衍。以为圣王也，然其道犹不能取用于后。今复之三世，而三晋之民可尽也。是非王贤立令时，范钦本"立"作"力"。谨按：当作"贤王"。而使后世为王用乎？然则非圣别说，而听圣人难也。注二。

注一。崇文本作"此无于爱也"，疑误。下句无"以先"二字，亦非。

注二。别，当读为不。说，古"悦"字。听圣人，谓使圣人听也。明陈仁锡《诸子奇赏》及归有光《诸子汇函》均作"然则非圣人之难，用圣人难也"，疑臆改。

《算地篇》云："民胜其地者务开，地胜其民者事徕。"开，即今人所谓拓植也。徕，即本书所谓徕民也。盖地狭民众，则须以拓植为要图。地广民稀，则须以招徕为先务。故《垦令》《徕民》两篇，为商君富国强兵之要著。吾国处此外患紧迫之时，西北、西南各省，均亟待开发。当局者苟能取商君所言，神而明之，以为今日急则治标之政策，或亦不无小补也。以上五章，述本文绪论竟。

附记：余自前清光绪末年，即好治《商君书》及《公孙龙子》。因欲就正于友好，且免借钞之烦，遂于民国四五年间，将商君及尹文、邓析、公孙龙四家之书，先后校录印行，颇流传于海内外。及阅民国十八年七月一日天津《大公报·文学副刊》七十七期，则西儒戴闻达君前荷兰莱登大学教授。已根据拙著《商君书斠诠》，将《商君书》译成英文，在伦敦出版，收入《东方丛书》中，所译《商君书》凡三百四十六叶，定价二十四先零。并称拙著为最重要之考参书。又阅陈启天君民国二十四年五月初版之《商鞅评传》及《商君书校释》，于拙著颇多采录，并称："王某据严万里、陈仁锡诸本及俞氏《平议》、孙氏《札迻》，一面

---

① 《商君书·徕民》无"徒"字，当据删。

校正文字，一面诠注文义，而成《商君书斠诠》。于是本书始由文字的校正，进到文义的注释，为本书别开生面。"详见《商鞅评传》一一一至一一二叶。① 惟两君均仅见余民国四年初版之《斠诠》，而未见余民国十四年再版之《集解》，海内同好，亦有仅见《集解》而未见《斠诠》者。及余以后所续校，是以本书尚多不可通者。余恐海内外同好，误以两君所采为拙著庐山真面，是以郑重声明于此。

---

① 陈启天对王时润《商君书斠诠》之介绍与评价见其《商鞅评传》第112页。

文始笺

骆鸿凯

余杭章公著《文始》一书，发明中国文字由少趋多，无过变易、孳乳二例。变易者，形异而声义无殊。孳乳者，声通而形义稍变。试为取譬，变易譬之一人摄景，夏葛冬裘，貌虽不同，人则无二。孳乳则如父既生子，子又生孙，血脉相承，形性自异。盖孳乳之字，具分别性；变易之字，犹重文也。执斯二例，以说许书，建指事、象形字为纲，名曰初文，而以会意、形声之字分隶其下，丝贯绳联，得其孳生之序。自是书出，学者始知中国文字虽极繁穰，而语根尽于初文数百。因端竟委，以简驭纷，自许书以来，未有若斯之懿也。顾惟创作，体制弘大，造思綦密，时或小疏。鸿凯久从蕲春黄先生问故，得通字例之条；复亲承公教，窥其著书之指。持此讲授，亦既有年，覃精研思，久而始悟，乃有斯《笺》之作。中于公书，增补者三千余事，心有所疑，亦僭举以质证。发凡起例，具在叙录。书成十卷，《文始叙例笺》一卷，《文始笺》九卷。约百万言。编帙浩繁，锓版匪易，先以《文始笺》首卷付本大学《文哲丛刊》，与海内治学君子共商略之。民国二十九年九月，长沙骆鸿凯题记。

书中凡本书称卷数，《文始》称篇数。《文始》书凡九篇。

书中引"黄先生曰"，未载出处者，系据武昌徐行可氏所藏刘静晦君过录先生批校大徐本《说文》。

文始一　歌泰寒类

阴声歌部甲

仐

《说文》："仐，跨步也。从反夂。𣥂从此。"

凯曰：夂字说解云："从后至也，象人两胫后有致之者。读若黹。"各下云："从夂。夂者，有行而止之，不相听也。"故反夂则为跨步。

旁转鱼，则为跨，所以跨谓之胯，股也。

凯曰：胯旁转侯，变易为股，髀也。公户切。此二同字。

旁转支，则为趀，半步也。所以趀谓之奎，两髀之间也。

凯曰：趀、奎并由刲衍，说详四卷圭属。

近转泰，则为越，度也。为逪，逾也。与于属之粤相系。

凯曰：越、逪系于属之粤，谛也。

骑又孳乳为驾，马在轭中也。 至 **骑又孳乳为羁，马落头也。**

凯曰：驾与羁并由加衍，加亦以干为初文，说详下。

变易为襌，绔也。干奎之衣则曰裹，绔也。自歌对转入寒。

凯曰：襌由泽衍，是书泽系四篇厂属。裹由更衍，说详同卷更属。已下凡"同卷某属"，但云"某属"，省"同卷"字。

泰部之越、逪又孳乳为蹶，一曰跳也。

凯曰：蹶由劈衍，说详亅读若橜。属。

由度越义，越又孳乳为阔，疏也。《释诂》曰："阔，远也。"阔又变易为豀，空大也。 豀训通谷，亦相近。

凯曰：干由跨步义，引申为宽阔，故阔、豀、豀诸字由之孳乳。

对转寒，为宽，屋宽大也。 查训奢查，亦相近。

凯曰：宽、查并由亘衍，说详亘属。

蹶又孳乳为趣，跞也。

黄先生曰："趣训跞，跞训跳[1]跃。此当言蹶变易为趣。"见《中央大学文艺丛刊》载先生《与人论治小学书》。凯曰：趣亦由劈衍，说详亅属。

为趹，轻也。为适，疾也。为妭，轻也。亦皆与粤相系。

凯曰：趹、妭与粤相系，谛也。适亦由橜衍，说详亅属。

宽又孳乳为愃，宽闲心腹貌。为憪，愉也。

凯曰：愃由查衍，说详亘属。憪由闲衍，说详谷属。

黄先生曰："夃[2]由干来。"凯曰：夃，秦以市买多得为夃，从乃从干，益至也。《诗》曰："我夃酌彼金罍。"古乎切。干衍为夃，歌转鱼也。

凯曰：夃从乃从干。乃，古文及，逮也，即后世趁墟之义。夃又孳乳为酤，一曰买酒也。古乎切。为贾，市买也，一曰坐售卖。公户切。市买多得，惟趁墟有之，非可常也，引申为姑且之意。孳乳为叚，借也。古雅切。借，犹暂也。为嫭，保任也。古胡切。凡伤人其创至死者有期，期以内死者论抵，期外则原。有

---

① "跳"，黄侃《与人论治小学书》（载《国立中央大学文艺丛刊》第二卷第二期《黄季刚先生遗著专号上》，1936年1月出版）作"踞"，骆鸿凯据《说文》径改。

② 《黄侃手批说文解字》五篇下作"及"，骆鸿凯据其释义径改，下同。

人任之，曰保辜。辜即嫴字，亦姑且之辞也。叚又孳乳为假，非真也。古雅切。《公羊》桓公元年传曰："其言以璧假之何？易之也。"又孳乳为暇，闲也，胡嫁切。犹言假日也。

黄先生曰："加出于干。"凯曰：加，语相增加也，从力从口。古牙切。

凯曰：干读若过，过训度，是干有过度之义，故加字由之以生。增加、过度，其义同也。加又孳乳为贺，以礼相奉庆也，胡个切。谓以物相加遗也。为妿，女师也。杜林说："加教于女也。"乌何切。为彼，往有所加也。补委切。彼从皮声，皮从为声，为与加皆喉音。彼又孳乳为貱，迻予也。彼义切。《广雅·释诂》："貱，益也。"于衣巾为被，寝衣，长一身有半。平义切。为帔，宏农谓裙帔也。披义切。今妇女绕颈而披肩背者谓之披肩，即帔之遗制。被覆于体，帔加于肩。《广雅·释诂》亦曰："被，加也。"于人发为髲，鬄也。平义切。《诗·鄘风》疏引《说文》："髲，益发也。"谓聚它人梳落之发以益己发。《释名》亦曰："髲，被也。发少者得以被助其发也。"增加又与负荷同义，加又孳乳为何，儋也。胡歌切。变易为佗，负何也。徒何切。可声有砢，读来可切。知何、佗声通。《诗·小弁》传亦曰："佗，加也。"此二同字。加又为枷互义，即谓架构。孳乳为羁，马络头也。或从革从网马作羈，居宜切。所以绊马。字亦作覊，《释名》曰："覊，检也。所以检持制之也。"《广雅·释器》："羈，勒也。"引申则人束发亦谓之羈。《记·内则》："男角女羈。"注曰："午达曰羈。"《穀梁》昭公十九年传曰："羈贯成童。"《释文》："交午剪发曰羈贯。"是也。为枷，柫也。古牙切。《释名》："枷，加也。加杖于柄头以挝穗而出其谷也。"枷又孳乳为迦，迦互令不得行也。古牙切。此即梐枑行马。于甲胄为錏、鍜，颈铠也。上乌牙切，下乎加切。本以捍御，而于体则有迦互之苦，亦加之孳乳也。加又为夌驾义，孳乳为驾，马在轭中也。籀文从牛，各声，作㣛。古讶切。《小尔雅·广言》："驾，凌也。"《广雅·释诂》："驾，乘也。"籀文㣛，即车路字。《周礼》"典路"注曰："路，王所乘车。"故后世通言车驾。从加与从各相变，歌、鱼之转也。《释名·释车》："谓之路者，言行于道路。"此望文为训，不可从。干为过度，又孳乳为諣，疾言也。呼卦切。旁转鱼，为夸，奢也。苦瓜切。变易为㪣，进取也。古览切。此二同字。㪣从爰，古声，本音在鱼部，转音乃入谈。夸又孳乳为誇，譀也。苦瓜切。变易为譀，诞也。下阚切。誇、譀亦同字。誇衍为譀，犹夸衍为㪣也。褚先生续《日者传》："卜者多言誇严以得人情。"以严为之。

戈

《说文》："戈，平头戟也。从弋，一横之。象形。"此合体象形也。

陈启源曰："戈、戟皆句兵，但小枝向上为戟，平之为戈，微有不同。故戈亦蒙戟名，而以句子别之。郑注《考工记》曰：'戈，今句子戟也。'句子者，以其横安刃，不向上而钩也。"① 凯曰：戈为纯象形字，金文有作㦸者，其本形也。许君既明言象形，而又云"从弋，一横之"者，此与日云"从口一，象形"、田云"象形，从口从十"，同为皮傅形似耳。某氏疑五字后人所增，非。

旁转鱼，孳乳为戟，有枝兵也。

凯曰：戟由棘衍，说详八卷棘属。

孳乳为柯，斧柄也。《诗》言"伐柯"，疑本为枝柯。

凯曰：柯又孳乳为斫，柯击也。来可切。砢从可声，读音亦同。知斫受声义于柯。今曰斫头，则读从良之音。

戟孳乳为格，枝格也。《玉篇》曰："挌，枝柯也。"柯、挌相转，犹寄与客、驾与挌矣。《释诂》柯训法。后人言格令，格即柯也。

凯曰：挌由各衍，说详五卷午属。

柯对转寒，则孳乳为榦，蠡柄也。

凯曰：榦由丸衍，说详卵属。

凯曰：戈刃横出，可句可击。《左氏》多言"戈击"，晋中行献子梦厉公以戈击之；齐王何以戈击子②之，解其左肩之类。故戈又孳乳为叞，击踝也，读若踝。胡瓦切。叞又孳乳为轲，车椉轴也。康我切。轴相接则车行趋如，故轲又孳乳为坷，坎坷也。康我切。

丫

然则本义为角，引申义为不正，乖即其孳乳矣。

凯曰：羊角左右分背，有乖戾之义。由乖戾引申，则为不正之义。

又孳乳为觭，角一俯一仰也。近转泰，觭变易为觰，一角仰也，古音如刓。

凯曰：觭由奇衍，说详丁属。觰由瘄衍，说详四卷厂属。

其奇训异，一曰不偶，是与觭同意。踦训一足，亦与丫义相转而属于子。惟锜训钮锯，乃不正之引申孳乳字尔。

凯曰：奇由丁衍，奇与踦、锜并详丁属。

其丫直训角者，《释名》："枷，或曰丫。丫，杖转于头，故以名之也。"丫，即丫之省。孳乳为枷，柫也。

凯曰：枷由加衍，已详干属。老人杖首如羊角，故曰丫杖。《广韵》有枭，训老人杖；有拐，曰老人柱杖也。枭为丫之后起字，拐则枭之别字也。枭变为

---

① 陈启源《毛诗稽古编》无"郑注"一句，乃骆鸿凯变换其文。

② 《左传》襄公二十八年无"子"字，当据删。

拐，犹刔、别之比。

凱又曰：丫训角，旁转支，变易为觟，牝牂羊生角者也。下瓦切。

又角可触，故近转泰，孳乳为鬶，角有所触发也。 至 **贾侍中说，谓"建大木，置石其上，发以机，以碓①敌"，乃厥之声借也。**

凱曰：厥、鬶并由丨读若橛。衍，说详丨属。

冎

旁转队，孳乳为骨，肉之核也。

凱曰：骨从肉从冎省。骨又孳乳为齰，啮骨声，从齿从骨，骨亦声。户八切。变易为齕，啮也。户骨切。为齨，齝齿也。仕乙切。为齳，齳齰也。昨没切。皆谓啮之刺骨也。齰、齕、齨、齳，此四同字。骨节坚实，故骨孳乳在人体为顝，头颉顝也，读又若骨。之出切。在麦为䴬，坚麦也。乎没切。《汉书·陈平传》"亦食糠核耳"，以核为之。在谷为秸，秸也。居气切。秸者，舂粟不溃也。在丝为纥，丝下也，下没切。谓丝节。旁转支，在石为磬，坚也。楷革切。为碌，石地恶也。下革切。为砺，石地恶也。五历切。此三同字。双声转宵，在事为核，考事而笮，邀遮其辞，得实，曰核。下革切。引申则果木之实亦曰核。《周礼》大司徒"其植物宜核物"。

黄先生曰："冎由冎来。"凱曰：冎衍为冎，歌转蒸也。冎，骨间肉冎冎箸也，从肉从冎省。一曰骨无肉也。苦等切。《庄子》"技经肯綮之未尝"司马彪注曰："肯綮，结处也。"骨节盘结，故冎字从冎，曰骨间肉箸。骨又孳乳在人为歇，咽中息不利也。乌八切。为尳，膝病也。户八②切。为尥，尲尥也，古八切。③谓膝卷局不舒。此二同字。在丝为绲，结也。古忽切。在帛为綮，致缯也，康礼切。谓缯文冎冎密致。

其佗在歌为踝，足踝也。

黄先生曰："踝亦由冎来。"凱曰：髁，髀骨也。苦卧切。

对转寒，为髋，髀④也。近转泰，为鬶，臀骨也。

凱曰：髋由宽衍，说详亘属。鬶由劈衍，说详丨属。

其始皆但言冎而已，后乃分别孳乳为之。

凱曰：冎为剔人肉置其骨，即后世冎刑之所自昉。旁转鱼，孳乳为辜，辠也，古文从死作辜。古乎切。《周礼》大宗伯"以疈辜祭四方百物"司农注曰："罢辜披磔牲以祭，若今时磔狗祭以止风。"为殆，枯也。苦孤切。《周礼》掌戮

---

① "碓"，章太炎《文始》一、《说文》七篇上均作"槌"，当据改。
② "八"，《说文》十篇下作"骨"。
③ "古八切"，《说文》十篇下作"公八切，又古拜切"。
④ 章太炎《文始》一、《说文》四篇下后均有"上"字，当据补。

"杀王之亲者辜之"郑注："辜之言殆①也。"为剐，判也。苦孤切。辜、殆、剐，此三同字。殆又孳乳为枯，槁也。苦孤切。凸有分解之义，剐、牌二字从凸可见。分则少，孳乳为寡，少也，从宀从颁。颁，分赋也，故为少。古瓦切。从颁犹从龚也。龚者，赋事也。《礼记·曲礼》："自称曰寡人。"注曰："谦也。"《坊记》："自称②曰寡君。"注曰："犹言少德之君。"寡又为独义，见《广雅·释言》②。变易为孤，无父也。古乎切。《曲礼》："自称曰孤。"《吕览·君守篇》："君名④孤寡。"注亦曰："人君之谦称也。"《老子》"孤寡不谷"，语之复也。《孟子》："独孤臣孽子。"孤得名于凸，孽亦受义于不，不者，伐木余。皆有罪自贬之词也。凸于神又孳乳为祸，害也，神不福也。胡果切。

<h2 style="text-align:center">果</h2>

《说文》："果，木实也。从木，象果形。"此合体象形也。孳乳为蓏。在木曰果，在地曰蓏。

凯曰：《广韵》："橄榄，果木名。"即果蓏之语变。木实有皮，故果孳乳为裹，缠也。古火切。缠曰裹，引申则剥其裹曰蠃，袒也。朗果切。此以相反成言孳乳。或体即从果作裸。蠃对转寒，变易为襌，衣不重也。都寒切。为但，裼也。都寒切。⑤ 蠃、襌、但，此三同字。襌、但于虫孳乳为蝉，以旁鸣者，市连切。本从解皮得义。蜕，蝉、蛇所解皮也。此一族也。人蠃但则形消骨立，故蠃对转寒，孳乳为脔，臞也。吕员切。⑥ 还歌，为蠃，瘦也。力切切。大徐说："羊主给膳，以瘦为病，故从羊。"蠃又孳乳为癞，畜产疫病也。郎果切。病与瘦义相因。此二族也。果有坚实义，故曰果敢。孳乳为稞，谷之善者，胡瓦切。谓谷粒精好。一曰无皮谷，则与蠃近。果又有小义，孳乳为颗，小头也。苦惰切。《颜介⑦家训》："北土通呼物一由，改为一颗。"今米粒、珠子之类，犹以颗呼之。此三族也。果蓏形圆而长，近转泰，孳乳为苦，苦娄果蓏也。古活切。娄者，蓏之声转。还歌，于虫为蠕、蠃。蠕、蠕蠃、蒲卢，细要土蜂也。天地之性，细要纯雄无子。《诗》曰："螟蛉有子，蠕蠃负之。"古火切。或体亦从果作蜾。蠃，蜾蠃也，一曰虎�。郎果切。为蛾，蚕化飞虫。五何切。或从虫作蠡⑧，虫部重出蛾，罗也。五何切。罗亦蓏之声转。蠕蠃、蛾罗，形皆圆长。于器为鑼，锉鑼也。鲁

---

① "殆"，《周礼·秋官》作"枯"。
② 《礼记·坊记》后有"其君"。
② "寡"字在《广雅·释诂》，当据改。
④ "名"，《吕氏春秋·君守篇》作"民"，陶鸿庆称当作"名"。
⑤ "都寒切"，《说文》八篇上作"徒旱切"。
⑥ "吕员切"，《说文》四篇下作"力沇切"。
⑦ "介"，为"氏"之讹，当改。
⑧ "蠡"，《说文》十三篇上作"蚕"，当据改。

戈切。斧属，形圆而小，故以名。此又单取圆义，无长义。此四族也。

瓦

《说文》："瓦，土器已烧之总名。"象形也。

段君曰："瓦字象拳曲之状。"凡土器未烧谓之坯，已烧谓之瓦。

乁

禾相倚移之移，草萎苵之苵，旌旗流貌之旇，施木橢施之橢，皆以乁为初文。

凯曰：逶，为逶迆邪去之貌。于为切。迆，为邪行。移尔切。迻，为迁徙。弋[1]支切。施，为日行施施。弋支切。贾生《服鸟赋》"庚子日斜兮"，斜即施字。皆自高渐下义。阿，为曲阜，鸟何切。亦倾邪义。并以乁为初文。乁亦读舌音。孳乳为沱，江别流也，出岷山，东别为沱。徒何切。别流，犹邪流也。辰下云：水之邪流别也。是别、邪同义。乁训流，流有曳引之义，又孳乳为詑，沇州谓欺曰詑。托何切。《诗》曰："詑詑硕言。"谓多言也。为譇，譇詏，多言也。吕之[2]切。此二同字。又为摛，舒也。丑知切。乁还喉音，又孳乳为厌，歠也，弋[3]支切。谓流歠，汁入口如水流也。乁、厂皆有曳义，支、歌旁转，故厌从厂声，亦读若移。为匜，似羹魁，柄中有道，可以注水。移尔切。匜形顷攲，亦流义。

也

如籀文旁转谆，乃应于坤，地也。坤训顺，古文或以巛为之，音本如巛，与坠齿舌相转，亦变易字。

凯曰：坤由申衍，说详三卷申属。

丂

变易为羲，气也。

凯曰：此于戏字，犹伏羲之为伏戏也。

与𣃚反，则为丂，谁也。

凯曰：《说文》："何，儋也。"谁何者，借义。

近转泰，为曷，何也。

凯曰：曷训何，何犹丂也。丂者，气出无碍。孳乳为遏，白也。于歇切。于鸟为鶡，渴旦也。胡葛切。[4] 鶡鴠之言丂旦，《礼·坊记》注曰："盍旦，夜鸣求旦之鸟也。"鶡又孳乳为鸠，鸟似鶡而青，出羌中。古拜切。于犬为猲，短喙犬也，许谒切。言声短急。曷为气出无碍，又孳乳为喝，瀐也，于介切。言声渐。为

---

① "戈"，《说文》二篇下作"弋"，当据改。

② "员"，《说文》三篇上作"之"，当据改。

③ "弋"，《说文》八篇下作"以"。

④ 《说文》四篇上："鶡，似雉，出上党。胡割切。"又："鴠，渴鴠也。得案切。"此处疑有错讹。

潡，欲饮歠。苦葛切。今饥潡字。为渴，尽也，苦葛切。谓水竭。变易为灡，并一
有水一无水谓之灡汋。古①例切。《释名》："灡，尽②也。"此二同字。为闟，门
声也。乙辖切。曷又为诃止，孳乳为遏，微止也。乌割切。微止者，诃距之词，与
奇同义。为庵，屋迫也。于歇切。旁转鱼，曷又孳乳为阏，遮拥也。乌割切。《汉
书·循吏传》："赵信臣……起水门提阏。"阏又孳乳为坞，小障也。安古切。于
病为瘀，积血也。依倨切。于水为淤，淀滓浊泥也。依据切。此三亦在鱼。

又㕙，亗恶惊词。亦乁、義之变语。

凯曰：《史记·陈涉世家》："夥颐！涉之为王沉沉者。"夥本㕙字。然㕙
下云："读若楚人名多夥。"夥下云："齐谓多为夥。"乎果切。凡物盛多，人骤
见之，不能无惊，是夥、㕙义同，夥即㕙之变易字也。

**队部有唯，诺也。有喟，大息也。有嘒，小声也。喟对转谆，为歎，吟
也。又为嘆，吞歎也。**古音如堇、如汉。**脂部有唏，笑也。旁转至，为咥，大笑
也。对转谆，为听，笑③也。声转皆似乁，并得为乁之孳乳。**

凯曰：唯、嘒并由凵衍，说详凵属。喟由旡衍，说详旡属。歎、嘆并由延
衍，是书延系三篇乁属。唏、咥由豈衍，听由月衍，说并详二卷回属。

凯又曰：乁所孳乳，在本部又为奇，异也，一曰不耦也，从大从可。渠羁
切。盖乁本为惊异之词，故奇字从之以受声义。异与不耦，义亦相因。孳乳为
锜，钼鏂也。鱼绮切。为犄，武牙也，一本作虎牙。去奇切。虎牙异于余牙，《楚
辞·大招》："靥辅奇牙，宜笑嫣只。"直以奇为之。为觭，角一俯一仰也。去奇
切。为踦，一足也。去奇切。为掎，偏引也。小徐本："一曰踦也。"居绮切。《汉
书·叙传》"刘季逐而掎之"颜注："掎，偏持其足也。"为齮，啮也。鱼绮切。
《索隐》《高纪》云："许慎以为侧齿④。"于⑤绮切。侧亦不耦之引申义也。于帛
为绮，文缯也。袪彼切。《释名》："绮，攲也。其文攲邪，不顺经纬之纵横也。"
于器为剞，剞劂曲刀也。居绮切。邪与曲，亦不耦之引申义也。旁转支，于地为
陭，陭隒也。去其切。此崎岖字，亦不耦也。于木为柯，科柯木节也。五果切。竹
卪曰节，木卪曰柯，科之言锜也。还歌，于田为畸，残田也。居宜切。谓余田不
整齐者。此奇零字。

乁旁转脂，则声变为兮，语所稽也。 至 **若凵转为简，曶转为笏矣。**

凯曰：兮由乁衍，说详二卷乁古兮切。属。

---

① "古"，《说文》十一篇上作"居"，当据改。
② "尽"，《释名》作"竭"。
③ 章太炎《文始》一、《说文》二篇上后均有"貌"字，当据补。
④ "齿"，《史记·高祖本纪》司马贞《索隐》作"噬"。
⑤ "于"，《说文》二篇下作"鱼"。

乁声蹙则为嗟，咨也。

凯曰：咨嗟，美叹之声。髻，训发好。千可切。黄先生曰："由美叹意而来。"见先生《尔雅郝疏订补·释诂》"嗟咨鬙也"条，据徐行可氏所藏刘静晦君过录本。

为吹，嘘也。转至，为叱，呵也。

黄先生曰："吹由出来。"凯曰：说详二卷出属。凯又曰：叱由七衍，说详三卷七属。

吹又孳乳为炊，爨也。 至 吹又孳乳为籥，籥音律管埙之乐也。

凯曰：炊、籥并由吹衍，说详二卷出属。爨由叜衍，说详卣属。煇由辰衍，说详三卷申属。

萑，萑爵也。段依《御览》引订。

凯曰：萑由叩衍，说详叩属。

凯又曰：乁为反亏，则口胅而不唫。孳乳为閜，大开也。火下切。为閜，门倾也。乌可切。二同字。为抲，抲捦也。虎何切。捦者，裂也。

为

为嫒，善援，禹属。

凯曰：嫒由爰衍。是书爰系三篇又属。

故孳乳为伪，诈也。诈伪犹作为。

凯曰：又孳乳为讹，伪言也。《诗》曰："民之讹言。"五禾切。为囮，译也，率鸟者系生鸟以来之名曰囮。五禾切。译犹罥也，亦司视之意，后世谓之雉媒。

为之有法，孳乳为仪，度也。转寒，为楥，履法也。

凯曰：仪由义衍，说详巫属。楥由靡衍，说详二卷回属。

七

《说文》："七，变也。从到人。"

徐灏曰："到人者，人之初生到[1]垂而下也。"凯曰：《记·易本命》："男年十六而化，女年十四而化。"[2] 化者，生也，正用七字本义。

囮为译。

凯曰：囮由为衍，已详为属。

凯又曰：吪为动，五禾切。变、动一义。娲为古之神女化万物者，古蛙切。亦变化义。并孳于七。

---

① "到"，徐灏《说文解字注笺》第八上作"倒"，当据改。
② 今《大戴礼记·易本命》无此句，或系糅合《大戴礼记·本命》"故男以八月而生齿，八岁而龀，一阴一阳然后成道；二八十六，然后情通，然后其施行。女七月生齿，七岁而龀；二七十四，然后化成"而成。又《孔子家语·本命解》："男子十六精通，女子十四而化。"大意亦同。

对转寒，则变易为换，易也。奐训取奐，恐是古换字。又孳乳为赸，赸田易居也。

凯曰：换、奐、赸并由亘衍，说详亘属。

凡变化之义，与改革同。革本治皮，而引申为变革。七亦孳乳为皮，剥取兽革者谓之皮，从又，为省声。七、为本同声也。

黄先生曰："皮当由朮来。"见《中央大学文艺丛刊》载先生《说文略说》。凯曰：说详三卷朮读若髌。属。

换亦孳乳为鞙，柔韦也，从夐省声。依段补"声"字。夐、换本同声也。皮、鞙亦变易之字也。

凯曰：鞙由奰衍，是书奰系八篇而属。

其婩训女师者，似孳乳于化，师主教化也，与可相系。

凯曰：婩由加衍，已详干属。

皮读如为，则孳乳为扚，裂也。 至 闢又变易为阊，大开也。

凯曰：扚、闢并由辥衍，说详二卷卜属。柯、阊并由丁衍，已详丁属。

旁转鱼，则为抲，裂也。为墟，墟也。

凯曰：抲由刌衍，说详四卷圭属。墟由墟衍，说详五卷毛属。

皮读重唇，则孳乳为柀，析也。为破，石碎也。柀又孳乳为诐，辨论也。

凯曰：柀、破、诐，并详三卷朮属。

旁转支，则孳乳为闢，开也。闢亦闢、阊之变易矣。

凯曰：闢由辟衍，说详三卷八属。

对转寒，则孳乳为半，物中分也。 至 西南为水，东北为墙，从水半。

黄先生曰："半亦与片近。"凯曰：半、胖、判、畔、泮并由片衍，说详片属。

皮有在外之义，故孳乳为被，寝衣也。为帔，裙也。为髲，鬄也。 至 韦昭曰："被之以书，音光被之被。"此以被为贱也。

凯曰：被、帔、髲、彼、贱并由加衍，已详干属。

贱旁转队，则为畀，相付与之，约在阁上也。

凯曰：畀由鼻衍，说详自属。

禾

孳乳为委，随也。

大徐说："委，曲也。取其禾谷垂穗委曲之貌。"

委复变易为妥，《说文》不录。爫即象禾穗，以为禾字。

凯曰：《说文》有绥无妥，而绥下云从糸从妥，知遗挩也。《释诂》："妥，止也。""妥，坐也。"字从爪从女，会意。饮食男女，人之大欲存焉。犹盗从皿，安、晏从女也。用段君说。妥之义，受于攵，说详二卷攵属。

委又孳乳为倭，顺貌。为婑，媞婑也。为媤，媠媤也。皆柔顺意。媤一训女侍，犹妥训坐也。

凯曰：委又孳乳为阿①，女字也。乌何切。为婴，阴婴也。乌何切。并柔顺意。婑、媤、阿、婴，此四同字。委训随，随从则相委积。孳乳为羥，羊相羥也。于伪切。

对转寒，为婑、婉，皆顺也。

凯曰：婑、婉并由夗衍，说详夗属。

然禾训嘉谷，故孳乳为嘉，美也。

凯曰：嘉又变易为誺，嘉善也。《诗·周颂》："誺以谧我。"吾②何切。嘉善，汉人语。脄下亦曰："嘉善肉也。"毛本誺作假。

又孳乳为羠，食牛也。引申亦为食人。委积即此字。

凯曰：食者，饲也。羠又变易为喂，饥也。奴罪切。为饿，饥也。五个切。饥曰喂、饿，饲曰羠，一语之变也。此三同字。委积字当作羥羥。羥，羊相羥也。羥，羥羥也。羊性好群，故字从羊作。

又诸程品皆从禾。

凯曰：称下云："故诸程品皆从禾。"

巫

旁转队，则为采，禾成秀也。采又为穟，禾采之貌也。

黄先生曰："采或由秀来。"凯曰：是书秀系七篇卤属。凯又曰：穟字或从艸作蕙，小徐本穟、蕙并为采之重文。

又绥为系冠缨，转队，变易为鞴，绥也。此亦下巫，乃巫之孳乳字也。

凯曰：下巫者物之末，巫又孳乳为垂，远边也。是为切。垂转之，读喉音，孳乳为邮，竟上行书舍也。羽求切。竟上，故从垂；行书有程，故曰德之流行，速于置邮而传命。由是孳乳为尤，异也，尤异于凡也，羽求切。言其奔轶绝尘也。尤转幽，读齿音，又孳乳为就，就高也。疾僦切。就高犹登高也。凡经过曰邮，过失亦曰邮。《释言》："邮，过也。"故邮又孳乳为訧，过也。羽求切。就高之义，就亦孳乳为蹴，蹴也。七宿切。为造，就也。七到切。此二同字。垂为边垂，临垂则危，还歌，孳乳为陲，危也。是为切。古语曰："坐不陲堂。"此一族也。下巫则重，巫又孳乳为陲，磊陲也。是为切。③为锤，八铢也。直垂切。铢者，权十黍之重。锤又变易为娖，量也。丁果切。对转寒，为揣，量也，度高下曰

---

① "女字"之训，据《说文》十二篇下，应作"婀"。下同。

② "吾"，《说文》三篇上作"五"。

③ "是为切"，《说文》十四篇下作"洛猥切"。

揣。初委切。度高下与量轻重一义。为㮰，一曰度也。兜果切。锤、娞、揣、㮰，此四同字。此二族也。下巫则县，巫旁转脂，孳乳为缒，以绳有所县也。持伪切。《通俗文》："县镇曰缒。"为槌，关东谓之槌，关西谓之柠，直类切。县蚕薄柱也。此三族也。下巫则堕，巫孳乳为陁，小崩也。丈尔切。谓山阜下颓，陵迟遁迤。为陪，败城阜也，重文作隓。许规切。为陊，落也。徒果切。此三同字。陪又孳乳为隋，裂肉也，徒果切。即取残败义。为髻，发堕也。直追切。为褍，无袂衣。徒卧切。无袂谓之褍，犹发落谓之髻也。为毇，相毁也。虽遂切。毁与败同义。为憜，不敬也。徒果切。陪落似于懒懈，故孳乳为此。此四族也。

巫或敛为喉音，则孳乳为我，或说顷顿也。从戈手，手，古文巫也。 我亦可作舌音，故《说文》训施身自谓。施本音如扡，然当以顷顿为本义，施身无正字。

凯曰：我，古文作戓。我字当以施身自谓为本义，顷顿为引申义，字形当以古文为正。从勿，勿，古巫字。巫下有古文作㐱，从毛，象形，勿则独体象形也。戈声。小篆小变其形为我。左旁之𠂆，即勿之变体，实与古文同。施身自谓者，黄先生曰："施，旌旗旖施下垂①。垂所以表谦。"见《尔雅郝疏订补·释诂》"我也"条。盖犹自卑之称也。顷顿之义，别制俄字，则我之孳乳也。

我又变易为俄，顷也。

凯曰：俄下引《诗》曰："侧弁之俄。"我为自卑之称，俄为顷顿，两义小殊。此当言孳乳。我又孳乳为騀，马摇头也。五可切。

转支，孳乳为觤，角倾也。

凯曰：觤由虒衍，说详四卷厂属。

孳乳为义，己之威仪也。

凯曰：小徐本义下又曰："义亦威仪之形。"② 孳乳为仪，度也。鱼羁切。

它

曳地而行，故有懈弛义。孳乳为弛，弓解弦也。旁转脂，变易为彊，弛弓也。

凯曰：是书弛、彊亦系四篇豸属。

又孳乳为陁③，小崩也。 至 《书》马注曰"迆，靡也，与亡相系。"

凯曰：陁、陪、陊、毇并由巫衍，已详巫属。迆由乀衍，已详乀属。

为攱，敳也。此字后变作摊，谓散而不收也。于人为憜，不敬也。

黄先生曰："攱亦由尸来。"凯曰：说详二卷尸属。凯又曰：憜由巫衍，已详巫属。

---

① "下垂"，《黄侃手批尔雅义疏》作"垂下之貌"，为《尔雅义疏》原文，黄侃未作改动。
② 据徐锴《说文解字系传》第十五，此句在"仪"字之下，作"义亦声，威仪之形"。
③ "弛"，章太炎《文始》一及骆氏笺文均作"陁"，当据改。

《诗》："委委佗佗。"传曰："德平易也。"义亦相类。

凯曰：委佗之言委随也。随顺，故为平易。

上古草居患它，故相问"无它乎"，引申为称彼之词。

凯曰：此犹女之为尔也。古者匹夫匹妇相尔女，己是男，对己者是女，故即以男女之女为尔女之女，"古者"已下四语，用江沅说。斯义变迁，虽非夫妇，而语言称谓，亦相尔女。女乃为普泛之第二人称矣，后世假汝字为之。

孳乳为沱，江别流也。

凯曰：沱由乁衍，已详乁属。

孳乳为佗，负何也。《诗》传曰："佗，加也。"

凯曰：佗由加衍，已详干属。

然则兽固通名也。

凯曰：它又孳乳为鉈，鮎也，徒何切。今曰鲨鳅。对转寒，为鳝，鳝鱼也，常演切。今字作鳝。为鼍，水虫似蜥易，长大。徒何切。此皆以形似得名。鼍又孳乳为騨，一曰騨马，青骊白鳞，文如鼍鱼也。代何切。

多

对转寒，为亶，多谷也。为繟，富繟繟貌。

凯曰：亶、繟并由单衍，说详单属。

然多有重义，故又孳乳为眤，重次弟物也。古音眤亦当如佗。眤旁转支，为弟，韦束之次弟也。弟又为綈，爵之次弟也，则由支旁转至矣。

凯曰：弟、綈、眤并由厂衍，说详四卷厂厬从此。属。

弟又孳乳为程，品也，则由支对转清矣。

凯曰：程由呈衍，说详四卷壬属。

丽

孳乳为俪，棽俪也。在人为伉俪。

凯曰：棽，木枝条棽俪貌，义为靡丽，《说文》："丽尔，犹靡丽也。"亦为丽廔。《说文》："囧，窗牖丽廔闓明。"由靡丽之义，则陆离、流离、淋漓之语所自出。由丽廔之义，则俗灵利、伶俐之语由之生。盖丽有二义，相附曰丽，相离亦曰丽。《周礼》小司寇"以八辟丽邦法"注曰："附也。"《易》："丽泽，兑。"注曰："犹连也。"《左传》："为鱼丽之陈。"亦相次比也。此相附之义也。《释名》："眸子明而不正曰通视。""又谓之丽视，丽，离也。言一目视天，一目视地，目明分离，所视不同也。"此相离之义也。《说文》旅行一训得兼晐之，旅行相丽，亦相离也。

对转寒，丽又孳乳为连、辇、联、李。至 李一生两子也，与俪同意。

凯曰：连、辇、联、李并由䜌衍，说详率属。

又为𪏘，数也。旅则有数，《诗》以丽为之。与秝歌、支旁转。

凯曰：又为逦，行逦逦也。力纸切。《释丘》：“逦迆，沙丘。”郭注：“旁行连延。”又为躧，舞履也。所绮切。舞者曳履而行曰躧。

联则为謰，謰謱也，谓语相牵连也。 至 **为鳞，鱼甲也。凡言“鱼鳞杂沓”“鳞集仰流”，皆谓其相连次也。**

凯曰：謰、孪、䜌、邻、鲶、鳞并由䜌衍，说详率属。

又寒部有澜，大波为澜，或作涟。谆部有沦，小波为沦，本谓文如连琐，或如连钱。《长笛赋》曰：“波澜鳞沦。”然则澜、沦亦孳乳于联。

凯曰：澜亦由䜌衍，说详率属。沦由仑衍，是书仑系二篇畾属。

或曰离别之义。对转寒，孳乳为恋，慕也，即今恋字。又孳乳为憐，泣下也。旁转真，憐又孳乳为怜，哀也。

黄先生曰：“恋自䜌。”又曰：“憐由联来。”凯曰：说并详率属。

黄先生曰：“怜自仁。”凯曰：是书仁系三篇人属。

䢅训行难，吝训恨惜，与怜义相引伸。

凯曰：䢅、吝并由忍衍，说详三卷刃属。

ナ

故ナ对转寒，则孳乳为贱，贾少也。

黄先生曰：“贱自戋。”凯曰：是篇戋系卢属。

ナ为左助。对转寒，则孳乳为赞，《说文》训见。《士冠》《士昏》二注皆云：“赞，左也”。 至 **酂为百家，亦训聚，皆有左助之义，此又由赞孳乳也。**

黄先生曰：“赞自兟。”凯曰：赞、瓒、饡、欑、儹、酂并衍于兟，是书兟系三篇丨读若囟。属。

儹复旁转谆，变易为僔，聚也。孳乳为噂，聚语也。

黄先生曰：“僔自聚。”又曰：“噂自聚。”凯曰：是书聚系六篇丵属。

欑以丛木之义，孳乳为莼，蒲丛也。旁转谆，孳乳为蕁，丛草也。

凯曰：莼由团衍，说详叀属。蕁由丛衍，是书丛系六篇丵属。

凯曰：㸤字从左，训行不正，知左有不正之义。孳乳为差，忒也，差不相值也，从𠂹从左。楚佳切。差又孳乳为縒，参縒也。楚宜切。为槎，邪斫也。侧下切。为㸤，𡲾㸤行不正也。则个切。《左氏》昭公四年传曰：“不亦左乎?”杜注：“左，不便也。”即㸤字。为䶥，齿跌貌。昨何切。为齹，齿参差也。楚宜切。转鱼，为齟，齬齿也。侧加切。䶥、齹、齟，此三同字。还歌，为嵯，残田也，昨何切。谓田不相值。田相值则曰当。为㹃，束炭也，读若齹，楚宜切。谓炭之残余者。差不相值，则有等差之义，孳乳为瘥，瘉也，才他切。言病少间也。瘉，今愈字。差又有相摩之义，孳乳为䑩，磨麦也。昨何切。

黄先生曰:"助自广左来。同牂、将。"又曰:"耡出于左广,同耤。"又曰:"借由耤来,出于且,或于广。"又曰:"桨出于左广。"凯曰:助,左也。床倨切。耡,商人七十而耡,耡,耤税也。床倨切。租,田赋也。则吾切。耤,帝耤千亩也。古者使民如借,故谓之耤。秦昔切。借,假也。资昔切。牂,扶也。七良切。将,帅也。即谅切。桨,噏犬厉之也。即两切。广左衍为助、耡、租、耤、借,歌转鱼也。衍为牂、将、桨,由鱼对转阳也。盖广左为佐助之义,故孳乳得此。

凯又曰:在鱼又有姐,蜀人谓母曰姐,淮南谓之社,读若左。兹也切。在阳又有篣,剖竹未去节。即两切。《方言》曰:"所以隐棹谓之篣。"有浆,酢浆也。子①良切。《释名》曰:"浆,将也。饮之寒温多少与体相将也。"并得为广左之孳乳。

又

近转泰,变易为撮,三指撮也。

凯曰:撮自冣衍,说详六卷ㄩ则候切。属。

旁转鱼,孳乳为籍。郑司农云:"籍,谓以杈刺泥中搏取之。"

《说文》籍字说解云:"刺也。"《周礼》鳖人"以时籍鱼鳖龟蜃"。

黄先生曰:"抯,由叉来。"又曰:"拓,由叉来。"凯曰:抯,挹也。侧加切。拓,拾也,或从庶作摭。从石切。叉衍为抯、拓,歌转鱼也。

凯曰:叉转鱼,又孳乳为叡,小徐本叉取也。侧加切。《释名》亦曰:"叡,叉也,五指俱往叉取也。"②为道,交道也。仓各切。为醋,客酢主人也。在各③。礼:凡进酒于客曰献,客答主人曰醋,主人又导饮以酢客曰酬。知道亦交道义。又训错,亦孳乳为错,金涂也。错镂亦相摩厉,《广雅·释诂》:"错,磨也。"又为厝,厉石也,七互切。亦错磨义。

然错与差同义,故叉又孳乳为差,忒也,差不相值也。　至　又有差可之义,孳乳为瘥,瘉也。

凯曰:差、縒、槎、厐、簅、蠚、瘥并由左衍,已详广属。

旁转队,为㾕,减也。

凯曰:㾕由衰衍,说详二卷衰属。

又有差择之义,《诗》"谷旦于差""既差我马",《释诂》《毛传》皆曰:"差,择也。"对转寒,则为选,一曰选择也。

凯曰:选训择,乃顨字之借,说详卵属。

---

① "子",《说文》十一篇上作"即",当据改。
② 据《释名·释姿容》,此条为注"抯"字。
③ 《说文》十四篇下后有"切"字,当据补。

惢

《说文》：“惢，心疑也。从三心。读若《易》云‘旅琐琐’。”

凯曰：惢从三心，《释名》：“心，纤也。”惢训疑，多疑缘于心细，故惢引申为小义。孳乳为貨，贝声也，从小贝。稣果切。貨又孳乳为琐，玉声也。稣果切。《释训》：“琐，琐小也。”于麦为䴬，小麦屑之核也。稣果切。于草为莝，斩刍也。粗卧切。于石为沙，水散石也，从水从少，水少沙见。所加切。沙砾亦小石也。于人目为睉，小目也。昨禾切。于病为痤，小肿也，一曰族累病。昨禾切。于器为銼，鍑也。昨禾切。銼鑹釜属，形圆而小。

旁转队，孳乳为橤，有二心也。《春秋传》以携为之。 至 **巂又可读入支如规，故橤又变易为恑，变也。**

凯曰：橤、恑并由厶衍，说详二卷厶息遗切。属。

阴声泰部乙

㇄亅

《说文》：“㇄，钩识也。从反亅。”《释言》：“厥，其也。”厥乃借为㇄，有所标指称㇄，犹其本作丌，作记。

凯曰：㇄训钩识，孳乳为劂，刊也。陟劣切。刊劂点窜，犹钩勒也。引申则凡有所钩，皆谓之㇄。孳乳为腏，挑取骨间肉也。陟劣切。为罬，捕鸟覆车也。陟劣切。或从车作輟，车部重出輟，车小缺复合也。陟劣切。车即覆车。《释器》：“罬谓之罦。罦，覆车也。”郭注：“今之翻车，有两辕，中施罥以捕鸟。”按：罥之繯绾也。网鸟者繯其足，此钩㇄之义。小缺复合者，谓车先张，鸟足触则合也。凡手有所把，亦谓之㇄。把必拳掌为之，拳曲与钩曲义同。孳乳为戉，大斧也。依段补“大”字。司马法曰：“夏执玄戉；殷执白戉①；周左执②黄戉，右秉白旄。”王伐切。戉者，秉执之物，故字从㇄声。

《说文》：“钩逆者谓之亅，象形。读若橜。”

凯曰：《史记》褚先生补《滑稽传》，东方朔上书，“人主从上方读之，止辄乙其处。”乙即㇄③字。

寻橜本训弋，弋象折木邪锐著形，则橜本有钩逆之义，即亅之孳乳字也。

凯曰：橜训弋，弋象物挂之。橜亦为楬櫫标识之义。孳乳为桀，磔也，从舛在木上。渠列切。木指架言，舛则罪人之两足也。舛在木上，所以示众。又孳乳为楬，桀也。《春秋传》曰：“楬而书之。”其谒切。《周礼》蜡氏“若有死于

① “戉”，《说文》十二篇下作“戚”。
② “执”，《说文》十二篇下作“杖”。
③ “㇄”，据文义当作“亅”。

道路者则令埋而置楬焉"郑众注："楬欲令其识取之，今时楬橥是也。"桀又孳乳为杰，执也，渠列切。谓能杀也。古以能杀人者为豪杰。执者，气势也。楬又孳乳为碣，特立之石也，东海有碣石山。渠列切。特立，犹楬橥也。为秸，禾举出苗也。居遏切。为揭，高举也。基竭切。为竭，负举也。渠列切。并楬橥之引申义。揭、竭又孳乳为藹，臣尽力之美也。《诗》曰："藹藹王多吉士。"于害切。

丨又孳乳为劣，劈力也。今言屈强，即劣犟矣。

凯曰：劣又孳乳为厥，发石也。俱月切。发石者，用力必劈。为觖，以角有所触也。居月切。以角触物，则力加劈。为髋，臀骨也。居月切。臀骨高厚有殿鄂，故以名。劣又孳乳为蹶，僵也，一曰跳也。居月切。为趹，踂也。居月切。踂，跳跃也。为适，疾也。古活切。此三同字。劈故能跃，能疾。蹶训僵，亦孳乳为鼸，鼠也，居月切。即《释地》之比肩兽。郭注引《吕览·慎大篇》"北方有兽，其名为鼸，鼠前而兔后，趋则顿，走则颠"，《淮南·道应训》鼸作蹶。

又孳乳为欫，苨气也。欫苨之病，亦由钩逆引伸成言。

凯曰：欫字正篆作瘷。欫旁转队，变易为瘁，气不定也。其季切。孳乳为悸，心动也。其季切。动与不定同义。

凯又曰：钩丨之义，又孳乳为撅，以手有所把也。居月切。与乚衍为戉同。于草为蕨，鳖也，居月切。初生形钩曲如小儿拳。于木为朱，木本也，从氏，大于末也，读若厥。居月切。木本轮困盘结，故得义于丨。朱虽为合体指事，犹为丨之孳乳字也。

近转歌，旁转队，又孳乳为歓、剧，曲刀也。

凯曰：剞由奇衍，已详了属。

钩、曲同义。对转寒，孳乳为卷、拳、觠、踡、弮 至 **弮，弓曲也。**

凯曰：卷、拳、觠、踡、弮并由舜衍，说详吏属。

然钩逆有相距之义，故在泰又孳乳为憇，憇憇距善自用之意也。正其曲则曰栝，檃也。此以反言孳乳，然枉者钩逆之亦直。

凯曰：憇由舘衍，说详夬属。栝由昏衍，说详七卷入读若集。属。

朱

《说文》："朱，木本也。从氏，大于末也。读若厥。"此合体指事也。

凯曰：朱由丨衍，已详丨属。

对转寒，变易为榦，一曰本也。段据《魏都赋》注、《赠刘琨诗》注引补。

凯曰：榦由干衍，说详干属。

次对转谆，变易为根，木株也。在竹为竿，竹梃也。在禾为秆，茎也。为稍，麦茎也。与壬属之茎相系。

凯曰：根由艮衍，说详三卷臣属。竿、秆并由干衍，说详干属。稍由旨衍，说详三卷玄属。

其用于器，在本部孳乳为楬，楬桀也。或曰戉，大斧也。依段补"大"字。**亦由楬孳乳，以柄得名。**稍又孳乳为绢，缯如麦稍者也。

凯曰：楬、戉由乚、亅衍，已详乚、亅属。绢为稍之孳乳，稍衍于冐，绢亦详三卷玄属。

巜

变易为活，水流声。《诗》言："北流活活。"

凯曰：又为濊，水多貌。呼会切。巜、活、濊，此三同字。

孑孓

《说文》无釨字，正作戛，载也。此有刃、无刃通名。《方言》亦云："载，楚谓之釨。"戛为孑之孳乳，釨其或字也。

凯曰：戛亦由棘衍，说详八卷棘属。

孓又孳乳为碣，特立之石也。近转歌，亦与丫属之奇、觭、踦相应。

凯曰：碣由楬衍，已详亅属。

在本部，又孳乳为暨，日颇见也。颇见者，偏见也。

黄先生曰："暨自既来。"凯曰：是书既系二篇禾古兮切。属。

次对转真，亦孳乳为矜，矛柄也，亦有独义，相承以鳏为之，与毕属之楬亦相应。

凯曰：矜由椆衍，是书椆系卵属。

《说文》："孓，无右臂也。从了，亅象形。"此亦从子省，为指事字，所孳乳与子同。

凯曰：孑孓一语。无左右臂者，以子初生，在襁褓中也。初生则为短小义。《广雅·释诂》："孑孓，短也。"旁转至、队，孳乳为蛣、蚰。蛣，蚰蝎也。去吉切。蚰，蛣蚰也。区勿切。《释虫》："蜎，蠉。"郭注："井中小蛣蟵赤虫。"《广雅·释虫》亦曰："孑孓，蜎也。"今曰水虫子，亦名跟头虫。还泰，孳乳为蝎，蝤蛴也，胡葛切。生粪草中。《别录》陶注："大者如足大指，以背行，乃驶于脚。"孑孓一臂独伸，一臂屈在襁褓，引申为冤曲义。旁转至、队，孳乳为诘、诎。诘，问也，去吉切。言委曲问之也。诎，诘诎也，一曰屈襞也。区勿切。又孳乳为䫜，头倾也，读若子。古屑切。为拮，拮据手口共有所作也。古屑切。为袺，执衽也。恪①八切。为襭，以衣衽扱物也，胡结切。今云衣兜。䫜、拮、袺、襭亦在至。

---

① "恪"，《说文》八篇上作"格"。

丯

草乱则道丯，故孳乳为夆，相遮要害也。遮者，过也。

凯曰：夆又孳乳为害，伤也，从宀从口。宀口，言从家起也。丯声。胡盖切。害与割通。《书·尧典》："汤汤洪水方割。"《汤誓》："率割夏邑。"《大诰》："天降割于我家。"割皆犹害。《释名》亦曰："害，割也，如割削物也。"故害又孳乳为割，剥也。古达切。割又孳乳为揩，揭也。胡秸切。为揭，刮也。口八切。为扴，括也。古黠切。后出字作揩。为刮，掊把也。古八切。刉、刷、契诸字，许皆以刮说之。知刮以《考工记》"刮摩之工"义为合。揩、揭、扴、刮，此四同字。于齿为齘，齿相切也。胡介切。三仓曰："齘，鸣齿也。"于疾为疥，搔也。古拜切。于涤器为摡，涤也。古拜①切。于割埶为犗，骟牛也。古拜切。为羯，羊羖犗也。居谒切。近转歌，为猗，犗犬也。于离切。犗、羯、猗一语之变，分牛、羊、犬为异耳。害又为要害之义，孳乳为辖，一曰键也。胡八切。变易为奎，车轴耑键也，两穿相背，从舛，萬省声。萬，古文偰字。胡戛切。两穿相背，所以制轴，亦相遮要害之义。《释名》亦曰："辖，害也，车之禁害也。"禁害犹要害也。

害为言从家起。黄先生曰："妎由害来。"又曰："嫛同妎。"凯曰：妎，妒也。胡盖切。嫛，难也。苦卖切。害衍为嫛，泰转支也。妎、嫛皆谓家人嫉妒之私。

夆亦变易为过，微止也。夆、过义有通别，然本一字。《传》言"周公蔡蔡叔"，世多谓蔡借为杀，然实夆、过之借，宷亦近之。

凯曰：过由曷衍，已详了属。《左氏》昭公元年传："周公杀管叔，而蔡蔡叔。"《释文》上蔡字从杀下米。寻蔡叔放流，故曰杀。杀者，糳杀散之。杜注亦曰："蔡，放也。"

蔡以齿音对转寒，则孳乳为柀，分离也。 至 **对转歌，又孳乳为沙，水散石也。**

黄先生曰："柀亦由山来。"凯曰：说详山属。

凯曰：糳、杀并由悉衍，说详戌属。散由柀衍，说详山属。沙由责衍，已详忿属。

凯又曰：害从丯，训伤，由草生散乱，人行却曲，则伤足也。引申为契刻，孳乳为韧，巧韧也，从刀，丯声。恪八切。谓巧于雕刻也。韧又孳乳为栔，刻也，从韧木。苦计切。《释诂》："栔，绝也。"郭注："今江东呼刻断物为栔断。"音恪八切。今犹有此音。为契，大约也。《易》曰："后世圣人易之以书契。"苦计切。郑注："以书书木边，言其事，刻于木，谓之契。"栔、契盖同字。

---

① "拜"，《说文》十二篇上作"代"。

刉又孳乳为锲，镰也。苦结切。《左氏》定公九年传曰："锲其轴。"为剞，治鱼也，从刀从鱼，读若锲。古屑切。《广雅·释诂》："剞，割也。"为啮，噬也，五结切。谓以齿栔断之。

凵

孳乳为臿，臿商，小凵也。

凯曰：臿商之言凵土也。此汉人语。

谲者，谪问也，盖本孳乳于届。

凯曰：谲由遣衍，说详二卷｜古本切。属。

臾

《说文》："蕢，草器也。古文作臾。"此初文也。

黄先生曰："器自臾来。"凯曰：器，皿也，象器之口，犬所以守之。去冀切。黄亦训器。

凯曰：器又孳乳为彝，宗庙常器也，从糸。糸，綦也。廾持米，器中宝也。彑声。此与爵相似。以脂切。彝、爵皆酒器，爵从鬯，鬯之※即米也。从又与廾，皆手也，故曰相似。《释诂》："彝，常也。"此引申义。

孳乳为匦，匣也。

凯曰：又孳乳为汇，器也。胡罪切。《禹贡》汇训回，即回字之借。

乂

臣锴曰："象乂草之刀形。"或作刈。

黄先生曰："埶由乂来。"凯曰：埶，种也，从坴从丮，持而种之。鱼祭切。草芟乃可种，故埶受义于乂。

故孳乳为锲，镰也。

凯曰：锲由刉衍，已详半属。

又孳乳为割，为剀，为刐。割，剥也。剀，断也。刐，绝也。

凯曰：割由害衍，已详半属。又曰：乂旁转队，又孳乳为刏，划伤也。一曰断也；一曰刀不利，于瓦上刏之。古外切。今通语刀利曰刏，正读古外之音。还泰，为列，利伤也。居卫切。旁转脂，为殬，杀羊出其胎也。五来切。剀、刏、列，此三同字。刏又孳乳为釳，乘舆马头上防釳，插以翟尾铁翮象角，所以防网罗釳去之。许既[1]切。釳去犹刏去也。列又孳乳为鳜，鱼也。居卫切。巨口细鳞，残食同类，故得名于列。

又孳乳为剞，治鱼也。

凯曰：剞由刉衍，已详半属。

---

① "既"，《说文》十四篇上作"讫"。

刖又孳乳为抈，折也。为朏，断足也。

凯曰：刖又孳乳为舢，船行不安也，从舟从刖省，鱼厥切。[①]与朏同义。朏者，不良于行也。又为聏，堕耳也。鱼厥切。堕者，落也。黄先生曰："月义为阙，阙本从夬来，夬又受义于乂。是月字当以乂为根也。"见《中央大学文艺丛刊》载先生《说文略说》。斯言甚精。刖、抈、朏、舢、聏诸字从月得声，即取月义。

割又孳乳为犗、羯。近转歌，孳乳为猗。犗，騬牛也。羯，羊羖犗也。猗，犗犬也。此皆割势者也。

凯曰：犗、羯、猗并由割衍，已详丯属。

割或对转寒，以虔为之。故虔训杀，割势之字亦作劇、犍，《说文》不录，然声转固得通矣。

凯曰：虔训杀者，斤之转语。斤，斫木斧也。古名、动同词，故以斤为杀，假虔字为之。犍字见《说文·新附》，训犗牛。居言切。黄先生曰："此笎之后出字。笎，筋之本也，以谓阴器。阴器为笎，去阴则曰犍，犹阴器为涿、浊、烛，去阴则曰斀矣。"凯曰：劇又犍之别字也。

泰或转盍，借盍为害、割字。 至 凡宦者称奄，犹称犗称羯尔。而世不了其声，旧训只云精气闭臧，盖失之矣。

凯曰：《说文》："奄，覆也。"《诗·閟宫》传亦曰："奄犹覆也。"引申其义，则精气闭臧，谓之奄人，见郑君《周官·序官》"酒人"注。是书奄又系七篇丌属、甲属。

由奄有阉字，竖也，宫中阉阍闭门者也。然《春秋传》军中有候奄之官，亦司军门者，疑阉专训闭门，无与于竖。

凯曰：是书阉又系七篇丌属。

又孳乳为忢，惩也。

黄先生曰："豙自乂，或自亖来。"又曰："毅自豙来。"又曰："忍同豙。"又曰："虓同毅。"凯曰：豙，豕怒毛竖也，一曰残艾也，从豕辛。鱼既切。毅，妄怒也。鱼既切。忍，怒也。鱼既切。李阳冰说："忍，从刈省。"是也。虓，虎貌。鱼既[②]切。盖乂有残暴之义，故孳乳为此。

凯曰：乂又有相摩之义，孳乳为槸，木相摩也。鱼祭切。《释木》郭注："树枝相切摩。"旁转脂，为剴，大镰也，一曰摩也。五来切。为硙，磨也。五对切。此二同字。为齞，齱牙也。五来切。为铠，甲也。苦亥切。甲取坚义，物相摩者，其质坚。

---

① "鱼厥切"，《说文》八篇下作"五忽切"。
② "既"，《说文》五篇下作"废"。

夬

《说文》："夬，分决也。从又，象决形。"此合体指事字也。

小徐曰："彐，物也。丨，所以决之。"

孳乳为决，行流也。

凯曰：又孳乳为赽，踶也。古穴切。《广雅·释诂》："赽，疾也。"为趹，马行貌。古穴切。《秦策》曰："秦马之良，探前趹后，蹄间三寻。"赽、趹同字。于马为駃，駃騠马父骡子也。古穴切。《淮南·齐俗训》高注曰："駃騠，北翟之良马也。"凡骡不辖，辖则必骏。盖駃騠之言趹踶也。于兽为狊，狊兽也，似豜狌，古穴切。亦以赽疾得名。

决又变易为溃，漏也。 至 《春秋传》："民逃其上曰溃。"以溃为之。

凯曰：溃、殨、讃并由沬衍，说详二卷回属。

为阙，门观也。

凯曰：又为䦆，阜突也。于决切。谓两阜间穿空处。

夬又孳乳为抉，挑也。

凯曰：又为瞁，目深貌，从目夬。于悦切。

为眣，揥目也。

凯曰：又为𥉋，短深目貌。乌括切。

眣对转寒，变易为䁔，出目也。

凯曰：䁔由眼衍，是书眼系三篇臣属。

夬旁转队，孳乳为圣，致力于地也。变易为㧎，掘也。为掘，㧎也。又孳乳为汨，治水也。

凯曰：圣、㧎、掘并由矞衍，说详二卷入属。汨由曰衍，说详二卷曰属。

旁转至，又孳乳为穴，土室也。《诗笺》曰："凿地曰穴。"圣字说解有兔堀，盖即穴之声转，然堀又训突，义稍异。

黄先生曰："穴亦自乞来。"凯曰：说详乞属。

凯曰：堀由矞衍，说详二卷入属。

由是还泰，有突，穿也。有窡，深抉也。

凯曰：又有鈌，刺也。于决切。《汉书·天文志》："有气刺日为镉。"即此字。夬又有画坚之义，孳乳为契，齘契刮也，一曰画坚也。古黠切。

夬又孳乳为韧，巧韧也。 至 **书契取诸夬，盖谓此也。**

凯曰：韧、栔、契并由㞢衍，已详㞢属。

韧对转寒，孳乳为宪，敏也。敏、巧义近。**契对转寒，变易为券，契也。宪训法者，即契之借。**

凯曰：宪未详何字之孳乳，字从心从目，害省声。害与括同部声转。宪法字，如黄先生说，似为括之转。见《尔雅郝疏订补·释诂》"法也"条。凯按：括，絜也。《韩诗说》："括，约束也。""絜矩，约束。"皆宪法义。券则篆之孳乳，说详卪属。

款木为舟，借为栔。注。[①]

凯曰：款借为空。俞字说解："空中木为舟也。"《释器》："款足者谓之鬲。"《史记·自序》："其实不中其声者谓之窾。"并空字之借。

大约剂书于宗彝，故栔又孳乳为彝，宗庙常器也。《释器》彝与法则同训。**彝又孳乳为器，皿也。**

凯曰：器、彝并由卑衍，说详卑属。

夬有口决之义，孳乳为啮，噬也。 至 **齕对转谆，变易为龈，啮也。此皆齿决。此五族也。**

凯曰：啮由韧衍，已详半属。齮由奇衍，已详丂属。齕由鼬衍，已详凸属。龈由艮衍，说详三卷臣属。

夬有决绝之义，故孳乳为弃，捐也。 至 **俗语谓死曰大殇。此六族也。**

凯曰：弃由㐬衍，说详二卷㐬属。捐由柬衍，说详三卷八属。殇未详何字之孳乳。

夬为分决，栔为约束。栔孳乳为絜，麻一耑也。 至 **因而数揲之。夬旁转脂，孳乳为计，会也，算也，与絜为絜度同意。此六[②]族也。**

凯曰：絜由系衍，说详四卷厂属。括由昏衍，说详七卷入属。稇由困衍，说详二卷口属。紒由乔衍，说详更属。棻由茧衍，说详四卷糸属。柬由八衍，说详三卷八属。计由稽衍，说详二卷禾古兮切。属。

其鍇训断，桀训磔，乂、夬通得孳乳。

凯曰：鍇又孳乳为愒，愒愒距善自用之意也。古活切。距善自用，言断之于心也。桀由橜衍，已详亅属。

其害训伤，近转歌，孳乳为祸，害也，神不福也。乂、夬亦通得孳乳。

凯曰：祸由凸衍，已详凸属。

桀又孳乳为杰，埶也，谓能杀也。 至 **卷亦作奰，大貌，或曰拳勇字。**

凯曰：杰由桀衍，已详亅属。卷、奰并由乔衍，说详更属。

贵

《说文》："贵，物不贱也。"妻字说解曰："𦎫，古文贵字。"此独体之文。

黄先生曰："𦎫即巛部𦥑字之异，古文以为贵字尔。"又曰："贵，或由兀

---

① "注"，指所引为章太炎《文始》之注文，下同。又上文中亦有引及注文者，标示"注"字则自此条始。

② "六"，章太炎《文始》一作"七"，当据改。

来。"凯曰:说详二卷兀属。

贵者,贾有赢余之谓。缋训织余,当由贵孳乳。注。

凯曰:缋未详何字之孳乳。

月

月又孳乳入寒,为间,隙也,月光自隙入也。

黄先生曰:"间由仌来。"凯曰:说详仌属。

间对转泰,则为垱,壁间隙也。间在寒,又以夹义孳乳为涧,山夹水也。

凯曰:垱由卢衍,说详卢属。涧由间衍,说详仌属。

凯又曰:月训阙,故孳乳为刖、抈、跀、明、刐,已详义属。

乞燕

语有阴阳,画有疏密,遂若二文。

凯曰:乞、燕象一侧一正之形。小徐曰:"其形举首下曲,与甲乙字异。"

旁转队,变易为鷾,鷾周燕也。此则后出字也。

凯曰:鷾由隹衍,说详二卷隹属。

寻孔字从乞,训通燕者,请子之候,人道于是始通也。

孔字说解云:"通也。乞,请子之候鸟也。乞至而得子,嘉美之也。古人名嘉,字子孔。"乳字说解云:"乞者,玄鸟也。《明堂月令》:'玄鸟至之日,祠于高禖,以请子。'故乳从乞。请子必以乞至之日者,乞,春分来,秋分去,开生之候鸟,帝少昊司分之官也。"黄先生曰:"此皆文致之说。其实古人简质,即以乞、燕为阳道耳。由此得声者,有岂、轧、札、安、晏、匽、偃,皆义相近,足以明之。"札、偃二字,据《尔雅郝疏订补·释鸟》"燕燕乞"条增。凯曰:岂,空大也,从乞声。乌黠切。《广雅·释诂》:"岂,深也。"轧,辗也,从乞声。乌黠切。辗者,轹也。札,牒也,从乙声,侧八切。谓动作切切也,引申以为木片义。黄先生《尔雅郝疏订补》则云:"札从乞,此由长义而孳乳。"安,静也,从女在宀中。乌寒切。晏,安也,从女从日。乌谏切。日犹入也。凯由此悟得《说文》从日之字如暬、湼、暱、昵、秝等皆与入同。匽,匿也,从匸,从晏声。于蹇切。匸者,衺邪侠藏,夫妇之道也。偃,僵也。于蹇①切。《广雅·释言》:"偃,仰也。"谓仰卧。黄先生又曰:"穴亦自乞来。"凯曰:穴,土室也。胡决切。乞衍为穴,泰转至也。《易·需》:"出自穴。"王注亦曰:"穴者,阴之路也。"

凯又曰:自燕出者,又有嬿,女字也。于甸切。有暊,目相戏也。《诗》曰:"暊婉之求。"于珍切。自安出者,又有案,轹禾也,乌旰切。与轧同义。有按,下也,乌旰切。与案义近。其但为安静义者,有案,几属。乌旰切。有鞌,马鞁具。

---

① "蹇",《说文》八篇上作"�裻"。

乌寒切。案与窜，皆人所据以为安也。自穴出者，又有窃，盗自中出也，从穴从米，卨、廿皆声。廿，古文疾。卨，古文偰字也。千结切。此皆以乙、燕为初文。

又衍训喜者，亦安之孳乳。

凯曰：衍由愃衍，说详亘属。

自凵

自为初文，稍变作凵。

凱曰：自字本作凵，从口，上象鼻形，△与果上之田同意，亦合体象形字也。从口者，词言之气从鼻出，与口相助也。稍连其两旁作凵。又变作自，省作凵。许以各有所从，故分二部。

孳乳为臬，射准的也。

凯曰：臬从自者，鼻于面居中特出之形，凡臬似之。

次对转谆，变易为梱，橛也。

凯曰：是书梱亦与二篇口属之壶、闱相系。

臬又有植立义，又孳乳为埶，种也。 至 **其义实有可引伸者。**

凯曰：埶由乂衍，已详乂属。臬为植立，故《小尔雅·广诂》训法，《广言》训极，《广雅·释诂》亦曰："臬，法也。"六艺即此字。

凯又曰：鼻为引气自畀，引申为闭臧义。旁转队，孳乳为畀，相付予之，约在阁上也。必至切。为闭，阖门也，从门，才所以距门也，象形。博计切。或曰从材省，说亦通。闭旁转至，变易为闷，闭门也。莫结切。①此二同字。畀又孳乳为痹，湿病也。必至切。变易为瘅，足气不至也。毗至切。毕亦从由声。此二同字。

《说文》："谒，白也。"谒本从凵孳乳，则白为凵误较然。

凯曰：谒由曷衍，已详丂属。

凵又对转寒，孳乳为言，直言曰言。 至 **《论语》："简在帝心。"即以简为之。此并与寒部之干相应。**

凯曰：言、唁、议、灡、简、簡系于寒属之干，谛也。

又孳乳为呬，息也。

凯曰：呬旁转脂，又变易为咦，南阳谓大呼曰咦。以之切。大呼犹大息也。为欷，歇也。香衣切。为霼，见雨而止息，小徐本。读若欷。《唐韵》："虚器切。"则又与呬同呼。为呬，念吚呻吟也。馨伊切。还泰，为噧，高气多言也。诃介切。为嘒，小声也。呼惠切。《释名》亦曰："鼻，嘒也，出气嘒嘒也。"呬、咦、欷、霼、呬、噧、嘒，此七同字。凵为诸出气，旁转脂，又孳乳为唯，诺也。

---

① "莫结切"，《说文》作十二篇上"兵媚切"。

以水切。谓气出才有声，故曰："唯恭于诺。"诺有是义，故唯又孳乳为毟，是也。《春秋传》曰："犯五不毟。"许委切。[1]

凵为诸出气，黄先生曰："息由自来。"凯曰：息，喘也，从心从自，自亦声。相即切。心气窍于鼻也。凵衍为息，泰转之也，

凯又曰：息者呼吸，一呼一吸，生生不已，故息又孳乳为瘜，寄肉也。相即切。《千金方》："鼻生息肉。"即谓此。引申为子息、生息。又孳乳为熄，畜火也，亦曰灭火。相即切。灭与畜相反而相成，止息即滋息也。此消息字。

为嘅，叹也。

凯曰：嘅由兂衍，说详兂属。

旁转脂，嘅为忾，大息也。忾又孳乳为鎎，怒战也。

凯云：忾、鎎是书亦系二篇气属。

凯又曰：臱下云："自，知臭香所食。"故自转脂，又孳乳为皋，犯法也。从辛从自，言皋人蹙鼻苦辛之忧。秦以皋似皇字，改为罪。徂贿切。皋又变易为罪，捕鱼竹网，从网非，秦以罪为皋字。徂贿切。罪与罛、置、罟字皆会意。从网非，谓人有罪，则置之法网也。训鱼网者，后起义。

（未完）

---

① "许委切"，《说文》二篇下作"于鬼切"。

六十年来心理学之演变

吴绍熙

一

自从冯德（Wundt）在一八七九年于莱伯齐（Leipzig）大学成立心理实验室后，一般人认作是新的心理学的开始。以年计算，到现在是六十二年，心理学的派别自此时起才如雨后春笋般发生。现在治斯学的人都知道心理学中有所谓构造心理学（Structure Psychology）、机能心理学（Functional Psychology）、行为主义（Behaviorism）、目的心理学（Purposive Psychology）以及完形心理学（Gestalt Psychology）等。学派是一切学问不可避免的现象，发展已到相当程度的科学固无所谓大的派别之争。然而研究的人对一问题之见解势不能归于一致，于是也有争论。不过他们的问题范围较为狭小，且着重点仅在处理此问题的手续与仪器的精密上面。新的心理学既只有六十年的简短历史，征之一切新生科学都有派别，则心理学的派别自不能认为独异，也不能因为有派别而认为难着手，或仅凭己意以为某派对而其他不对，这是治学者最初应有的态度。

六十年来心理学之演变可包含二义：一是从心理学的各分支的发展去看，考察某一分支从何时发生、如何发生及发生以后如何的进展。例如心理学的一分支教育心理学是在二十世纪初才发端，他的发生是由于对学习记忆等问题的研究有了成果和对于儿童的研究渐具方法以后，便注意于实际教学与训导的问题。另一种是就通常所称的纯粹心理学范围观其演变，其注视点在心理学的主干，不在旁支；在纯粹的成人心理学，不在儿童、动物乃至其他心理学；在对于这一主干之各派的态度及其师承关系上注意，而对于各派的内容不去叙述。本文之作，显然为着后一目的。且历来研究心理学本身发展的，只片段地对各派作探讨，而忽略对整个心理学作综合的观察，结果只见树而不见森林，以致对于心理学的认识还是膈膜。本文是想通过这层薄膜而予稍治斯学的人一种透明的辽远见解，同时间附己见，以就正于有道。这是作此文的动机。

一八七九年虽可认是新的心理学发生之一年，而不能说心理学是在这一年才开始。远在亚里斯多德时期，心理学已经开始了。不过那是最初的萌芽，西洋的学问大都具萌芽于此时。至十六七世纪，物理科学已见成长；十八九世纪，生物科学渐见发达。心理学是最后成熟的幼弟，惟其如此，所以它有较长的幼稚期。在这幼稚期内，从洛克（Locke）起始的经验论与后来英国的联想心理学，以及莱伯尼兹（Leibnitz）的意识与无意识的程度的分别和统觉理论，都构成以后冯德的心理学的一部分。冯德这时的心理学与以前不同之点是：前人的心理学完全根据于经验或赖着逻辑的论证，现在则根据于实验。前人的心理学只是哲学的一部分，或因哲学问题引起心理学的问题；从这时起可以单独发生许多心理学问题。所以这时的心理学叫作新的心理学，有时也叫做科学的心理学。

冯德所领导的新的心理学之一特征便是借重于生理学的方法，因为生理学上的许多问题都是由实验而解决，新的心理学即着重于此。因此在冯德的心理实验室内，很多应用这类方法。其所研究的问题多为知觉方面的，他的着重点在对于各种知觉得到具体的内容，即要研究人类所见所闻的现象是些什么和这些现象是如何构成的。由这方面的研究以后，乃进而考察情绪和其他方面。在这类研究之下，他遂产生了对于心的构成的学说。他的主要意见，以为心理现象可与化学现象相比，化合物是由各种元素组成，心理现象也可析为几种元素而研究其构成的方式。但化学元素有实在性，心理元素并不如化学元素之确有其物。然则如何得知为元素呢？则他的答案，心是活动的，有活动即有现象的表示，从各种不同现象中便可发现其组织与其构成方式，其中最基本的便是心理元素。所以心理元素虽无实在性，而有现象表示性。

依冯德一派的意见，最简单的心理元素有三种：一是感觉，二是感情，三是意像。由感觉组成知觉，感情组成情绪，意像组成想像，再由知觉、情绪和想像组成更为复杂的心理活动。这是他们的心理学系统。因为他们的着重点在知道心理现象之如何构成，所以一般对之有"构造心理学"之称。不过我们须知道，构造心理学的持点是他们的分析方法和将心理现象分成为一些元素，虽然我们承认心理活动有现象的表示，且活动现象有简单与复杂之分，但复杂活动是否即为简单活动所构成，人类活动是否如化学药品在玻璃瓶内一样任其分析而不起变化？这是冯德一派心理学所难解决的问题。与之立于对等地位的其他心理学，即由这一基本问题而发生。

在当时与冯德一派心理学立于反对地位的，有以伯伦塔鲁（Brentano）为首倡的奥国学派。这一派的主要意见，以为心理学的研究应当注重于心理作用，须着眼于心理现象之动的方面。冯德一派心理学的实验结果虽应当敬佩，然而他们太注重于分析方法，以致失去心理活动的真实现象。兹以视觉为例。我们见到两点：一是红的，一是黑的，依照冯德一派的意见，这是两种不同性质的感觉。假若见到的两点都是黑的，说这是一种感觉。这果真是一种感觉吗？我们何以觉其为二呢？依照他们的解释，说这是另一问题，是由于这两点的空间距离。但问题又发生，假若我们用同一空间距离而将这两点以一条黑线联结之，这时我们所得的是一个感觉还是二个？显然的，这只是一条线的感觉。然则同一空间距离何以对前者看作是二，而对后者认作是一呢？或以为线是由点组成，点是线的单位，然则这一条线究有多少单位？每一点的单位有多大呢？这也是不容易答覆的问题。这样一来，我们就知道冯德一派以为感觉是最简单现象，其实并不见得是简单了。伯伦塔鲁一派对于这现象怎样解释呢？他们以为线与点是两种不同的性质，故我们对于他们的认识也两样。线与点的关系也不能如冯德一派看得那样呆板，线虽以点为基本，而已经成为线后，其本身具有形式特性（Gestalt Qualität）。与点不同，不能呆呆的认为线是点的集合，正犹如一个四方形之四线虽为这个形体的基本，而已今①成为四方形后，即具有形式特性，与线的性质迥异。我们的每种知觉都有一种形式特性，平常所见的形状、所听的声音以及其他，虽各有组成的基本因素，而在已经成为复杂的形状、声音以后，这时所见所闻便不是那个基本因素，而是一种有形式特性的知觉。他们以为这样去解释，比较近于心理活动的真实情形。若照冯德一派那样去分析，与心理活动的实在情形相隔太远。

这两派不同的意见，从大的方面着眼，可说一个是注重于心理事实的内容分析，一个是着重于心理作用。所以普通称前者为内容心理学（Content Psychology），称后者为作用心理学（Act Psychology）。内容心理学之优点是着重于实验，对于心理现象的考察都有实验作根据。而作用心理学者最初仅用辩证的方法，并无实验作根据，他们只觉得内容心理学之研究方法不对，不能得到心理活动的真实现象，刚才所说，便是一个例。但科学的争辩所争者不仅在论据的充分，且在方法的适当。若有充足论据，再加以精密方法，则其立脚点方较稳固。所以在这一点上，逼着作用心理学者不得不跑上实验的路。因此在伯伦塔鲁以后，买龙格（Meinong）建立心理实验室于格拉兹（Graz）。维塔色克（Witasek）无疑地是一个作用心理学者，而对于实验心理学也很注意。不过他们的着重点在作用方面，譬如对于判断，实验心理学者所注重的是判断的内容，而他们所着重的是这种判断作用怎样发生的。故对于同一实验，着重点两

---

① 此页前二行"已今"，书末所附《刊误表》改为"已经"，此处亦当据改。

不相同。

但心理内容与心理作用果真两不相容，不能在同一心理学系统内和谐地建立起来吗？历史告诉我们，决不是的。故心理学发展到此时，两个潮流不期然的会相汇合，两种好像不相容的心理学至此时会在一个新的系统之下融合起来。负着这个使命的是邱尔伯（Külpe）。他是冯德的学生，对于心理现象的内容方面很有研究，但同时他却注意于心理现象的作用方面。他以为心理内容与作用是精神生活的两种不同的事实，这从各方面可以看出来。第一，这两者能从经验中被分析出，例如我们的梦只有内容而无作用，而我们脑中一些无目标的希望只有作用而无内容。第二，这两者可以独立地变动，譬如我们观察一物后，继续观察他物，这时心理作用完全不变而内容已经变动；又如我们对一个物体可先加欣赏，再加以考察和批评，这时内容不变而心理作用已变。第三，心理内容与心理作用在本质上根本有不同，心理内容可分析，而心理作用不能分析，因为心理作用比较的不固定，一经分析则已变动了。第四，心理内容与心理作用本身都可以有强度和性质的不同，但这二者彼此间无必然的关系。心理作用上的差别不一定即发生心理内容上的差别；同样，心理内容的变动也不一定有心理作用上的变动。不过，第五，心理内容与心理作用可由不同法则而辨别出来。心理内容可依从联想、融合、对比、刺激与反应的关系种种法则，而心理作用则依从各人的观点以及当时个人的态度种种方法。邱尔伯这样去分析，可说把以前两个不可逾越的鸿沟将其泯灭了。可惜邱尔伯逝世甚早，没有将对于心理作用的研究更加充实，以致由邱尔伯所领导的维尔兹伯格学派（Würzburg School）在他死后不能有长久的继续，而心理学的发展又向着旁的方向。

二

注重内容的心理学在冯德手里发了一树灿烂的花，其结实却不在德国，而在美国的康来尔大学（Cornell University）；主持这个大学的心理实验室却不是美国人，而是英人铁青纳（Titchener）。他是冯德的学生，是冯德的心理学之忠实的继承者。内容心理学的系统，到他手里才可算完成。他去掉了冯德的哲学的色彩，专作科学的探讨，探索意识的构成。他的态度是很严格的，同时也是很狭窄的。他只承认纯正的心理学是研究常态成人的"心"的，不承认其他方面的研究属于纯正心理学之范围。同时他极力推崇内省的方法，以为只有受了严格训练的心理学者才能作内省工夫。他的这种狭窄的态度，使他在美国心理学的环境里成为孤立的一派。不过美国的心理学却因了他的刺激，发生了很大的变革，这就是以后产生的机能心理学和行为主义。

　　机能心理学的产生不是偶然的。美国心理学之最早的人物是詹姆士（William James），他与冯德处在同一个时代，但他对于心理学的态度与冯德不是同在一条线上。冯德所用的分析方法，他虽也承认，而他以为对于心的了解，不应因注意到部份而忽略了全体。全部的心理状态好像溪流一般，是常变的、继续不断的。我们取了溪流中的水去分析，不能代表溪流；必须从全部溪流着眼，而后才能了解其真像。对于心理状态的了解也应当这样。詹姆士不独注意于心理状态的全体性，且注意于心理状态的功用。他的所谓功用，与伯伦塔鲁的心理作用不同。他颇受着达尔文的影响，从生物适应外界环境着眼，所以他说："意识的发生如其他机能一样，是为着某种用处的。"他又说："知觉的功用在知道一些事实的情形。"这些都表示他的心理学带着生物学的功用的观点。与詹姆士桴鼓相应的有杜威（Dewey）。杜威在《心理评论》上发表的《心理学上的反射弧概念》一篇文章，可以说是机能心理学的先声。在这篇文章里，他起首反对原子主义（Elementalism），这点正与詹姆士的观点相同。不过前人反对原子主义的着眼点都在知觉方面，而他则进一步反对将动作分析为反射弧。他以为心理学对于动作之着重应在整个动作方面，即注意于对外界之调节作用。动作中反射弧的观念只是人为的，事实上，一个动作发生，即令承认有反射弧这种东西，而是循环的，一个弧的终点是另一弧的起点，继续不断，成为一整个动作。譬如走路时脚腿与身体的动是相联的，带有全体性的，我们将这种动作分成若干反射弧是人为的。还有我们对于动作的了解，应从如何适应环境着眼，至于说引起这种动作的刺激和反应，不过是指明发生这种动作的情境和如何生出反应去适应这种情境而已。换句话说，刺激与反应是为着说明的便利从全部动作中分别出来，其实我们所应了解的是这种动作如何发生、有什么功用和在什么情形之下有这功用。这样，心理学对于一个动作的功用的注意，是很要紧的了。机能心理学就是要研究有机体如何在环境之下适应的。

　　机能心理学的先导为詹姆士与杜威，而颜格尔（Angell）实为主倡者。颜格尔对于这方面曾写过几篇文章和出版过以机能心理学作基本观点的书籍，而其主要意旨，要不出上面所说的范围。其实讲来，机能心理学在系统上并没有特殊之处，因为它仍沿用以前的心理学系统，不过在这系统外加上有机体之适应观点，同时因为适应作用与神经系统有关，所以特殊注意于神经的组织和其功用方面。但我们也不能说机能心理学完全无历史价值。假若我们于心理学的发展上一加考察，在美国，铁青纳所代表的冯德一派心理学专门在心理的构成上用工夫，姑不论他的观点有缺陷，即令完全无缺，而心理学的研究决不仅限于这条路。以前例来说，伯伦塔鲁的作用心理学是一条路，邱尔伯将心理内容与心理作用融合起来是另一条路，然而这还是限于一个窄狭的范围。假若我们从生物学观点以看人类的行动如何，则其眼光又将为之一变。机能心理学可以说是这条路上一个急先锋，在这一先锋之下，于是心理学的观点变为宽广，心理学可从此另寻新径而开辟未来的园地。

果然，机能心理学发生不久，行为主义即发生。行为主义可以说是由于机能心理学的冲陷工作，再加以经营工夫孕育出来。因为机能心理学用的是生物学的观点，且以实用眼光去研究人类的心理学，所以美国此时心理学的研究，便不限于人类，动物心理学成为一个新的研讨部门；同时，心理学一些实用的研究工具如测验之类也产生。在这些新的条件之下，新的心理学与旧的心理学成为一个很显著的对比。少壮有为的心理学者对着这些新途径富有浓厚的兴趣，自不会再坐在心理实验室里，专于人类的心理的内容和作用上用工夫。在传统心理学方面如铁青纳呢，对于这些新产生的心理学，不是否认为纯正心理学，便以为这些不是心理学。两下针锋相对，于是以推翻构造心理学为职志的行为主义便发生。

心理学研究意识，是以前的心理学者之专门工作。他们对于行为不叫做行为，而叫做动作（action）。这不仅是名词的不同，实质上他们虽研究动作，仍是注意于意识方面，这样的研究便很容易忽略客观而趋重于主观。客观研究的好处在能得到永久记录，同时其结果可由其他人之复试而得到印证。若专门注意主观方面，则只能应用内省的方法，内省工夫既不能得到客观记录，如遇意见不同之处也无从断定是非，所以这是以前心理学的一个大缺点。同时人类活动表现于行为上，尽有若干可研究之处，譬如情绪时面部肌肉的表现、人类言语的发展、社会行为的发生等，这都是一个新的研究园地。这样就心理学本身说，其缺点不仅在方法上，就在研究的对象上也是一个显然的缺陷，须加弥补。

当行为主义没有正式为瓦特孙（Watson）倡导之前，已有许多心理学者发见这个缺陷，以为心理学的研究对象应当扩大。麦独戈尔（McDougall）在所著的《社会心理学概论》内说过如下的话："心理学家不要再满足于狭窄的观念，以为心理学仅是研究意识的科学，必须很勇敢地声明心理学是研究心的各种功用的积极科学，或如我所说的是研究行为的积极科学。"又皮斯柏烈（W. B. Pillsbury）是铁青纳的学生，不是一个行为主义者，而他在心理学书中说："心理学曾诠释为意识的科学，或主观经验的科学，各种定义虽有优点，而不能算是金瓯无缺。心理学最好诠释为人类行为的科学。"我现在不必再征引旁人的话，这两人的著作都是在正式的行为主义书出版之前，从这里可以证明心理学研究的趋向已渐渐在改变。即令没有行为主义的提倡，心理学者已经在那里将研究的范围扩大，使心理学趋向于研究行为方面。

不过，瓦特森毕竟是行为主义的发动者，自他起始，才有行为主义的名词；有了他的这一激烈的运动，才使心理学的波澜广大，心理学的进步迅速。因为自这一运动发生后，冯德一派心理学渐趋于崩溃，各部门的心理学得着一个新的刺激，如怒潮一般的发达起来。这可以说是从一九一三年到现在将近二十八年，行为主义一个不可磨灭的功迹。

至于行为主义的本身系统，则随各个行为主义者之态度而不同。瓦特森是一个想建立一崭新的行为主义心理学系统的人，不过在他的心理学著作中，对于这一企图并没有成功。因为在他的书中常发见许多与他自己的主张相矛盾的地方，譬如他极力诋毁内省法，而又承认口语报告法为研究心理学方法之一；他极力反对冯德一派心理学，然而在《行为主义心理学》书内又引用不少前人关于知觉的研究成果，不过他换一名词叫做"辨别的反应"（Discriminatory Response）。他的一个最大胆的假设，为将人类的思想机关置重在喉部，可说与他的行为主义相符合，而这一说之不合理，早已为人所论定。亨特（Hunter）与瓦特森同站在一条线上，也想自立一个系统。在他的《人类的行为》的书中，对于心理学不叫做 Psychology，而叫做 Anthroponomy，意即"人的科学"。但我们对于他的全书一加考察，有许多地方也只是一个名词的变易，与瓦特孙将"知觉"改为"辨别的反应"相类似。行为主义本是一个动听的名词，为什么在心理学系统上不能成为一崭新的系统呢？因为如果行为主义者要贯彻其主张，则心理学只应当研究行为。但关于一些心理学的问题，如知觉、思想、记忆等，行为主义对之实处于两难的地位。因为假如他们对这些完全不去研究，则是自己自外于心理学；假若他们完全从行为着眼研究这些问题，则对于这些问题仅能得到一部分的真像。在这种情形之下，故行为主义者常不得不一面想保持自己的主张，一面想迁就前人的研究，结果就是自己的系统不能完全成为一贯的与崭新的了。故行为主义之企图建立一新的系统而未能成功，是受了这个主义的本身性质的限制。

三

上面已经说过，内容心理学与作用心理学的鸿沟，至维尔兹伯格学派已将其消灭。但德国的心理学自此以后仍在继续的变动，其中小的派别暂不必去讨论，现在只举一个对于全部心理学有重大影响的，即完形心理学。

完形心理学发生于一九一二年，与行为主义同时倡导出来，不过一在欧洲，一在美洲。完形心理学发生的渊源如何呢？我们已经知道奥国学派对于知觉有形式特性的理论，这种理论与完形心理学的发生很有关系。因为完形心理学所着重的知觉的整个性，与奥国学派的形式特性很接近，但完形心理学与奥国学派毕竟有几点不同。因为奥国学派将心理作用与心理内容分开，完形心理学则无这种区别。奥国学派虽立张知觉的形式特性，而仍承认心理原子的存在；完形心理学则根本对此加以否认。再，完形心理学认知觉是相对的，知觉的成立与环境有关系，若环境变动，知觉也随之变动；奥国学派却没有发见这点。所以我们虽承认完形心理学与奥国学派有关，而他比奥国学派进了一步。

完形心理学的最初倡导者为维特汉默（M. Wertheimer），努力提倡者为克夫卡（Koffka）与苛勒（Köhler）。他们对于完形论的贡献是由于作关于运动的实验而来。依照冯德一派心理学的意见，对于知道外界物体的运动是一种感觉，须外界物体有运动而后才能觉知。现在维特汉默却布置一个实验，于暗室内设一放射灯，从灯光之下可以先后见到两条直线。在试验时，我们将见这两条直线的相隔时距使之不同。如果对这两条线的相见时间隔一秒钟，则所见的两条线都为静止的，一个去后，一个复来。假若将此两线相见的距离减到十五分之一秒，则见这两条线运动起来，从第一条线的位置跑到第二条线的位置。若再减短时距，这种运动又复变成不清楚。至减到相隔仅卅分之一秒时，则可同时见着两条并立的线。从这个试验，我们便知道物体的运动不是一件简单的事，对于两条线有时见为运动的状况，有时见为静止的状况，完全视在何种情形之下而异。维特汉默从这儿作出发点，还作一些其他的试验，由此遂倡出完形心理学。

完形心理学反对冯德一派心理学，有几个中心意见。第一，他们反对分析的方法。冯德等以为心理现象可以分析为知觉及感觉，完形心理学者以为这二者不能分开。我们的知觉发生常是整个的，其成功是靠着物体在环境中之关系如何。在心理过程上并不能辨别一个简单知觉和复杂知觉出来，那种分析方法实违背心理的自然程序。第二，他们反对原子主义。用分析方法的人常将心理现象析为几个元素，詹姆士对这点已表示过反对，完形心理学也取同样态度。他们作了许多关于形体知觉的试验，证明人们对于形体的认识，不是从其组成的原子去辨别，因为人们常见到一种形状而不知其组成的原子为何。下图便是例。

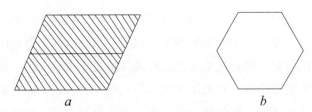

我们看着这两个图，是两种完全不同的知觉，然 b 图却包含在 a 图之中，我们对之浑然不觉，所以知觉内容包含原子之说是靠不住的。第三，他们反对恒常学说。冯德一派心理学以为知觉是固定不变的，完形心理学者则主张知觉的相对性，以为各种知觉须视物体在环境中之情形而定。维特汉默的物体运动的试验便是一个很好例证。此外，轮船在江中行驶，我们所见江中之颜色或为黄，或为绿，或为深绿，常视轮船行驶时与射来光线所成之角度及江水之浅深等情形而异。这样我们便知道，完形心理学与冯德的心理学完全立于相反的地位。他们对于冯德一派心理学有很严厉的批评，但他们又不像奥国学派只是论理的辨证，他们有许多实验作根据，且他们的观点又较奥国学派进步。所以完形心理学倡导以后，能够很快的发达起来。

　　完形心理学者对于行为主义的态度如何呢？激烈的行为主义者不承认意识的存在，瓦特森是一个例子，他以为所谓意识都可从行为方面解释，这种说法本来很牵强。完形心理学者以为行为主义的这种态度，只要问他们一个问题：一个人报告所见所闻的事体是否完全如机械般说出来的呢？如果不是，其区别在什么地方？再，对于一个事实的判断，假若完全靠着客观记录，则有时一种动作客观上完全一样，而实际不同，将从何处着手去分别呢？如果专凭客观记录去判断，不将成为一个错误的判断吗？这是他们攻击行为主义不承认意识的地方。至心理学应研究行为，他们并不反对。不过，他们以为行为主义者研究行为的方法不对。行为主义者只着重肌内[①]是如何动作的，当情绪发生时呼吸是如何变化的，这是一种微小的行为（molecular behavior）。心理学所要研究的，须从较大的行为着眼，如研究行为怎样发生、在何种情形之下变化、人与人的彼此之关系等。对于这些较大行为的了解，他们以为宜注意到行为的环境。所谓行为环境即指有机体与环境相作用的一切情形。譬如对一件事体，甲不知道危险当前，勇猛的冲过去；乙因知道危险，不敢前进，这两个人的行为不同，完全因彼此的行为环境各异。行为主义者只知注意到行为的生理变化，可谓见其小而不见其大，从此不能得到行为的真实现象。这是他们批评行为主义的最根本的地方。

　　说者以为完形心理学的研究系从知觉入手，故其成绩以这方面居多。其实

---

　　① "肌内"，应为"肌肉"之讹。

他们的研究不仅限于知觉，现在已经深入到情绪、记忆等范围。他们对于这些研究，都用的是动的观点，与冯德一派心理学完全为静的观点既不同，与行为主义仅注意于外表行为与生理变化也有差别。譬如关于情绪的发生，冯德一派心理学注意于情绪的分析，行为主义注意于情绪之生理变化和面部的表示，完形心理学则注意于个体在环境中的整个情形。他们认为个性与环境作用在身体内部能发生一种力量，无情绪的时候是身体与外界的作用已得到平衡，如果一旦失去平衡，则身体内部的力量起变化，于是向着某个方向的动作发生。所以愤怒是由于个体遇着一种冲突，使身体发生紧张，失去原来的平衡，于是将全体的空间力量变动，而有动作发生。这种看法与以前的其他心理学都不同。完形心理学者还在这方面继续努力试验，故以为他们的研究仅限于知觉是不对的。

<h2 style="text-align:center">四</h2>

行为主义与完形心理学是近三十年来心理学的两大阵营。最初时候，这两大阵营截然分立，不久以后，便渐渐接近。原来是行为主义者，此时不免带有完形心理学的色彩；原来完形心理者仅注意于知觉问题的，现在他们也研究一些行为问题。前者如赖希列（Lashley）之于脑的功用的研究，后者如雷荣（K. Lewin）之于情绪的研究。本来行为主义的最大功用是使我们对于心理学的研究转移一个方向，即注意到行为。至对于心理学的观点呢？就是同属于行为派而可有不同，故瓦特森和亨特虽抱着机械观，而其他研究的人不一定如此，所以，有人将完形心理学的观点加入了。在另一方面，完形心理学只是对于以前的心理学换了一个看法，在研究时，无论其对象为意识或行为，都可应用这种看法。所以，完形心理学者自然而然地将研究的对象扩充了。这样，这两种最初好像截然分立的阵营，以后便很容易彼此接近。

心理学发展到此时，构造心理学似乎已完全过去，然而至今心理学中对冯德一派的一部分研究成绩并不能加以毁灭。作用心理学与机能主义从现在看，虽系历史的名词，而由此所发生的完形心理学及行为主义却正在蓬勃发展之中，故多少将由对于现在这二派的研究而须注意其历史的发展。不过，近六十年来的心理学还不止这几派，这几派只可说是近来心理学的主干，除此以外，还有些其他的意见，也可于心理学有影响。现在再举几个比较重要的。

前面已经说过，麦独戈尔主张心理学应以行为作研究的对象还在瓦特森之前。不过，麦氏本人不能算是行为主义者，而只是一个目的论者。所以，一般对麦氏的心理学称为目的心理学。行为主义者将行为当作是反射的集合，由刺激发生动作，带有机械性，而自麦独戈尔看来，这种观点没有把握着行为的要处。他以为所谓行为与反射迥然不同，一种行为大都带有自发性，不一定被动的受着环境影响才引起，且行为发生后常有持续性，遇着障碍则将行为改变至达到目的时为止。故客观地去看，凡属行为，都带有寻索目标性质，目的达到，行为方才停止。至通常的反射，却没有这种性质。然则这种寻索目标的性质如何而来呢？麦氏则着重于动机一点，其原始的动机为本能。他对于本能的看法与斯宾塞（Herbert Spencer）迥异。斯宾塞认本能为连锁反射，他则以为所有本能带有情绪的性质，且以情绪为核心，这两者在行为中互相联系。譬如惧怕是情绪，躲避危险是本能，而惧怕与躲避常有联带关系；愤怒是情绪，争斗是本能，而愤怒与争斗常同时出现。人类的许多行为是以本能作基础而组成动机，在环境中发生动作，如遇障碍，则将动作改变至达到目的为止。这是麦独戈尔心理学的主要点。

麦氏心理学的成立与否，在本能一个问题。关于本能的概念，近十余年来已被一些心理学家加以严格的批评。一则，以要知道行为中有无本能，必须先为本能立一标准，而本能的标准因着对于行为的发生之研究（如郭任远对于鸡胎的行为之研究）而被摧毁了，故原来的本能的意义到现在已不能成立。二则，承认本能的心理学家，对于有多少本能之意见，彼此间也不一致。有的仅承认少数本能，有的则承认多数本能，且甲承认为本能的，乙可否认为本能。所以本能一名词，实有许多困难。这样，麦独戈尔所谓本能以情绪为核心的那种假定，更难望其成立。不过，有许多人类行为的发生并不是无因的，且一种行为发生后，确实须经过一个长时期的动作方才停止，故麦氏所说一些行为的特性，并不能算错。他的弱点是将这些行为发生的原因弄得太玄虚罢了。虽然如此，在心理学趋势上，因为麦氏对于行为的这种看法，致引起科仑比亚大学一些心理学家研究动机问题甚为起劲，所以他的主张在心理学上也有一部分的影响。

其他一种对心理学有影响的，是以佛洛德（Freud）为首领的精神分析学。精神分析学家假定变态行为的发生由于对某种强烈冲动的过分压抑，虽然他们的着重点彼此有不同，如佛洛德着重于性欲，爱德勒（Adler）着重于自卑的情绪，而他们承认人类冲动之重要则一。佛洛德的理论虽然还须待一番精炼工夫，如讲到少年性欲的情形过于玄虚，对于梦之解释有时太牵强；而人类的冲动不能压抑，必须因势利导，且一切行为的健全与否须视少年时之发展如何，则已为一般心理学家公认的事实。不过，心理学家承认冲动之重要，并不一定如佛洛德一样仅限于性欲，或如爱德勒一样仅限于自卑的情绪。他却是一种广泛的看法，他注意于整个行为的发展，且欲对于各种冲动的情形加以科学的研究。

此外属于佛洛德一派而主张稍异的荣（Jung）认为人类的性格显然有两种不同：一为内向性，一为外向性。内向性的人注重于思索，不爱交际；外向性人的行动是开展的，长于社交，不爱深思。这样，他的着眼点不仅在冲动方面，且注意到人的根本性格上去了。德国的颜许（Jaensch）之学术系统虽与荣完全不同，而从对于儿童的遗觉研究，以为人格上有两种不同的类型，他称为T型和B型，也可以说是注意到这方面的问题的人。自然，这些研究只能算是起点，而可以见心理学研究者已将眼光注射到各方面去了。

从以上的简单考察，便知心理学在这六十年中经过了好几次的演变。个人对这六十年来心理学的演变只有一个看法，就是各种学派的演变都有不得不然的趋势，且每一次的变动都是促进心理学的进步。何以故？一个学派研究到一个时期，已经到了尽端，在这时必须另寻新路，方能发挥各人的见地，故即有变动发生。譬如构造心理学到铁青纳手里，将许多问题已经研究得将穷尽了，所以机能心理学起来。机能心理学发达到一个时期，不能应时势之需要了，于是行为主义兴起。同时，德国内容心理学与作用心理学一变而为维尔兹伯格学派，再从作用心理学一变而为完形心理学，也都有不能不变的趋势存在。又所有这些学派的演变，都是使心理学进步的。因为一种学派的发生，或则扩大了心理学的领城，或则改变了心理学的观点，使心理学研究的结果愈接近于真理。如有了行为主义，于是心理学的范围加大；有了完形心理学对于知觉现象之解释，比构造心理学满意得多。这样，每一次心理学的变动，不是将内容充实，便是使我们对于心理现象得一比较正确的见解。所以这种变动对于心理学的发达，不独无阻碍，且还可以促进其进步。只要我们能对于每次变动寻到其线索和能把握每一次变动的特点，这是我们考察心理学演变时必须加以注意的。

文　录

顾亭林评传叙

李肖聃

民国廿八年十二月，衡阳何君贻焜书抵辰溪，述所为《顾亭林先生评传》。书凡九篇，都十余万言，属余叙其简首。余以谓自周之衰，儒述微而众说盛。秦重刑名，汉治杂黄老、阴阳，流及魏晋隋唐之间，益以浮图、方士之书，咸用所业，波靡一世。至宋代诸子出，而后道术专统于儒，群经壹衷乎圣。自元迄明，崇奉紫阳之绪，而象山、姚江之说颇出其中。至其末季，而王学支流猖狂放恣，致国亡代变而不知止。当是时，夏峰孙先生讲道百泉，为《理学宗传》，以明斯道之归。二曲李先生修教关中，远绍洛、闽之绪。船山王先生手注张子《正蒙》，以为横渠之学如皎日丽天，无幽不烛，圣人复起，未之能易。梨洲黄先生述宋元明诸儒学案，张其师刘蕺山之论，以考朱、陆异同。而其时昆山顾先生骖靳其间，号为魁硕，其学出于宋之黄震、王应麟，故平生论著，服膺朱子，疾陋儒之空言心性，故教之以博学于文；伤华士之丧义失身，故厉之以行己有耻。且为之说曰：易姓革命，谓之亡国；廉耻失，礼义丧，谓之亡天下。"保国者，其君其臣肉食者谋之；保天下者，匹夫之贱，与有责焉。"于以知邦国之盛衰，自乎人心之所向；而一士之所志，有系于天下之兴亡。考先生所著，自群经诸史、郡国利病，无所不究，而其启多闻于来学，待一治于后王者，尤在《日知录》一书。究其用心，实与《东发日钞》《困学纪闻》为近，而义据精审，则且过之。故先生之学，救晚明窾窍之失，开有清朴学之先。先生之行，则著士节于穷时，存人纪于乱世，固所谓通经博古、命世特立之巨儒也已。逊代经师，标榜汉学，或疏证《古文尚书》，用攻枚氏之伪；或考订声韵部类，以补前修之疏；或正经子句读简编之误，以诱迪后进，其涂皆启自先生。而妄者至敢恃其博辨，上訾朱子，而号称笃崇宋贤；读书过俭，而专己自隘者，又或挟其私见，非议先生，此闳识之所闵叹，承学之所大忧也。湖南自宋以来，夙尊朱子之教，近世邓湘皋、曾涤笙诸先正，皆景仰先生，曾公至图其遗像，列之圣哲。今何君又为此书，以示天下，群士览此，可不迷于所向也。君昔为《曾公评传》，余得读而叙之，乃未二年，复卒此业，夫亦可谓勤矣。抑余尤愿君博稽孙、王诸儒之书，远承有宋诸大儒之学，以立己而淑人也。

罗庶丹墓表

李肖聃

吾友罗君庶丹，没于民国二十一年二月，其弟炳葬君县西望城坡之先茔。明年三月，予为《事述》，记君行谊及所著书。又明年八月，叙君《诸子学述》，复揭其造述微旨，以诏学者。己卯，予来辰溪，感念亡友，思有以识于其墓。始君为秀才时，殚力词章，辈流叹异，以君当登上第，为文学贵人矣。及读县大儒皮先生书，乃尽弃故业，覃思群经，纂注十余万言。以举人一试，春官不第，乃游广州，领兵琼崖，奋欲立功业自见，稍治韩非书及兵家、纵横家言。时召杂流至门，痛饮尽醉，醉则狂歌赋诗，意气自豪。人又谓君兼资文武，天下雄俊君子也。迨归，主湖南大学，教授徒众，则敛旨湛思，醇乎儒言。君尝从容语予：吾于汉，慕扬子云之穷《玄》赞《易》，度越诸子；于乡先贤，尊濂溪、船山之见道深博，旷世独立；于清儒，服膺皮先生及瑞安孙君，能立颛门之业，解众家之纷；余子未暇论也。缘湘西行百余里，林壑幽深，云盖华林，梵宇相望，名僧古德，多出其间；而千余年来，曾无文学巨人著声林苑者。及君以异才博学，都讲名山，论著足垂于后矣。而所述多未终编，年又未逮中寿以陨，岂儒术之兴，时犹有待；而学之传否，固有命者存耶？予少从君讲艺，老而分教岳麓，得闻君论学之大者，乃举其志业，表于其墓之原。君之子书肆，武汉大学生；女曰书慎，湖南大学生，皆以学行尤异，冠绝侪辈。嗣君之业者，将于是乎在？

中国文学史序

王啸苏

吾友李君肖聃，躬俊异之姿，擅闳通之识。十七而游頖壁，弱冠而涉江淮。接龙江之清尘，侍鹿门之经席。胜流延誉，秘籍多窥。迨夫返棹蓬瀛，簪毫凤阁，尝以暇豫，从事纂修。操汝南月旦之评，为刘劭《人物》之志。鸿篇晓就，鸡塞宵传。固知笔端珠锦，非徒书帝之俦；皮里阳秋，允继史家之事。兹者授书衡麓，避地辰溪，积其铅椠之功，撰为文学之史。历时成帙，焕乎可观。用赞微词，式章懿美。一曰树义之正也。夫田巴立言，动非五帝；庄周掉舌，亦诋仲尼。横恣之辞，自昔多有；海通以后，异说方滋。诡辩者驰说于八埏，骛新者致疑于三古。浸淫所及，世教系焉。君则本彦和《雕龙》之旨，以宗经、原道为归，谓天下之至文，皆肇元于圣籍，孔门以之为教，弟子以之承师，后代儒修，悉基于此，非仅章采绚其异色，炳麟耀其奇观已也。又以文章所发，惟在性灵，文生于情，因事而即触；性原夫善，知止而能安。广征曩哲之言，俾作伐柯之则。庶词人千赋，靡病于丽淫；大夫九能，克衷乎礼义。末流之弊，其有豸乎？二曰取材之慎也。夫百味纷陈，坐客互殊其嗜；八音竞奏，听者各赏其声。著述之林，亦犹是也。彼钩奇者索其玄珠，猎艳者拾其香草，好博者志其异物，驰巧者玩其离辞。言岂一端，义各有当。君则搜寻虽富，披拣维勤。一事必穷其根，群言能探其要。无前陈之巨颣，有结撰之精心。又复冥溯古初，弗强追夫众好；义存丘盖，恒致慎于所疑。准是以谈，用心弥善。三曰持论之通也。夫蠡测之儒，每多目论；奇赅之士，务广异闻。识者病其拘墟，通人嗤为夸诞。君则学穷《七略》，书富五车。以为文靡判于古今，体无分夫骈散。征之周汉，则偶俪之语实繁；逮夫中唐，而起衰之言始出。町畦强别，实隘厥涂。又以近今作者，高语远西，以小说、戏剧诸端与论文、诗歌并列。复判语文之界，致招新旧之争。海水纷飞，嚣尘未靖。君则博稽故说，概与分疏。谓周秦诸子，言多出于稗官；宋儒语录，文亦杂以方俗，可资按索，弗待旁求，足征吾华道术之尊，益见斯文涵泓之大。至于区分时代，导引源流，举先士以示依归，采名篇而资讽咏，则为操觚之恒轨，更无事于烦陈矣。啸苏少而废学，晚始好书。曩为京邑之游，获从饮冰之教。窃不自揆，欲纂兹编，条例初成，尚虚写定。兹观巨制，适惬私衷。投分有年，岂待相知于后世；赏文与共，已能结契于寸心。开卷以披，欣然有会。愧高密《春秋》之学，无旧注以相贻；惭士安当代之名，勉挥毫而作序。

春秋大义述自序

杨树达

　　余自民国八年北游，居旧京将二十年，教士于清华大学者十载。二十六年夏，以亲病乞假南归。归二月，而倭夷凭恃武力，挑衅芦沟。先是，倭夷强据我东三省及热河，国人已中心愤怒，群思起与相抗。至是益愤寇难之逼，不能复忍。我军事委员长蒋公，以神武之姿，因国人之怒，起率南北健儿，以与夷虏周旋，伸其挞伐。盖自始战迄今，历时三十余月矣。自去岁我师大捷于鄂北，继之以湘北、粤北之役，连战连胜，歼除丑虏，无虑二十万人。比者桂南之役，彼又以覆师见告矣。盖夷虏本犬羊之种，不知礼义，忘吾先民卵翼教诲之恩，寻干戈于上国，重以纲纪废坠，民生凋瘵，无以自存，暴徒专政，乃欲求逞于我以威其民。以故作战三年，民怨沸腾，士气沮丧，彼卒之俘于我者，乃至回首易面，颂我中华之盛德，诅彼暴阀之速亡。天听自民，古有明训；土崩瓦解，期在旦夕。而我则教训明于上，敌忾深于下，人怀怒心，如报私雠；视死若归，前仆后继。盖侵暴之众，不足以抗哀兵；无名之师，不足以敌义战，固天道必至之符，人事自然之理也。余时既移席于湖南大学，每念廿年都讲之所，东南财赋之区，沦为羊豕窟宅，不可卒拔；又自念身本书生，迫于衰暮，不能执戈卫国，深用震悼于厥心。一日独居深念，忽悟先圣之述《春秋》，以复雠攘夷为大义。爰取往业，再三紬复，粗有所明。二十八年秋，乃以是经设教，意欲令诸生严夷夏之防，切复雠之志，明义利之辨，知治己之方。又以是经大义散在诸篇，学者始习，艰于通贯，乃取诸大义之比近者，类聚而群分之，立文为纲，而以经传附著其下。欲令学者力省时约，易于通解，每习一章，即明一义。《春秋》之学，本分今、古文二家。左氏古文，详事略义；今文重大义，亦有公羊、穀梁二家之传，虽时有乖异，而大体从同。今以《公羊传》义为主，而以《穀梁》义副之。西汉儒生董仲舒、桓宽皆通《公羊》，而《春秋繁露》《盐铁论》多称《穀梁》说，盖两传义近，故得相通。余先民是程，非敢妄作也。其一传关涉数义者，各见于当篇；汉人言事涉及经义者，颇附著之。自知学识暗陋，不足以明先圣之志于万一，顾念经术之就衰，痛岛夷之猾夏，宁敢以固陋自废，而不诵其所闻？于是绍述大义，凡得二十八篇。当世贤人君子，傥能嘉其用心，匡所不逮，使圣学明而民志定，正义立而夷祸平，将国族实嘉赖之，宁独余一人之私幸也。

五溪诗社诗词录

以齿为次

甲　诗录

长沙柳大谧午亭二首

次绍熙先生韵

喜见骚坛有主盟，座中群彦各知名。山前春老花争放，酒后谈雄潮怒生。莫漫九皋惊鹤唳，还期一掷振金声。忧天无分甘长醉，对客先将巨盏倾。

次兆畴先生韵

佳辰狂饮酒家楼，太息风雷郁九州。等是投荒成独往，从谁画地署无愁。呼朋更谱钧天奏，惊座先闻击壤讴。君曾与同社诸君效康节体，以俗语入诗为戏。莫漫伤时空潦倒，要凭赤手奠金瓯。

长沙王时润启湘一首

辰溪晚眺

偶作辰溪客，兹游值晚秋。疏华含宿露，孤雁带边愁。当户延岚翠，临江望远舟。此行真不负，山水足淹留。

长沙李肖聃星庐八首

绍周与啸苏书，谓余有东坡海外之传，感赋却寄

宝权近与疏庵讯，道我骖鸾已上仙。老去幸留微命在，劫余重荷故人怜。宁同海外传千里，尚活人间有几年。畏死每生吾岂敢，且吟秋兴动江天。

寿杨博士五十

梁国著书论物理，子云象易草玄经。宁惟灵府生虚白，早有新编付汗青。万里烟涛瀛海路，十年风雨麓山亭。用有吾句。怜君五秩头方黑，长照天南此一星。

喜友古至

旧友三年别，人间万劫多。君心犹守静，众意叹焚和。须鬓经霜改，精神被墨磨。灵均漂泊地，风雨听狂歌。

徐子闻传说，惊予与鬼邻。宁知天相我，犹幸活为人。寰宇哀多难，横流惜此身。素心从远至，秋谷亦回春。

五溪二集题词

斗南葱郁气佳哉，英贤千里欣方来。屈原贾谊度湘水，此邦文物通天开。二千年代生光采，至今翰藻遗芬在。词流百辈压花间，楚书千卷传湖海。骚人飘泊到辰阳，泽畔行吟只自伤。感事长歌当哀哭，世人怪笑呼痴狂。风雨登楼常纵酒，豪情逸兴谁先后。湖外风流动武溪，汉南摇落悲秋柳。行卷收藏庋麓山，莫教散落在人间。明年战胜中原定，一舸浮江载稿还。

题詧龙行卷

纳纳乾坤几霸才，衡云今日待君开。诗人老去雄心在，献策新从蜀道来。

黄芥沧挽诗

柳子涪翁旷代奇，芥沧一老两师之。平生玩世清狂意，都在高歌对酒时。白发卖文难续命，青山埋骨尚衔悲。葵园宿草斯人逝，此事长沙更付谁。

柳翼谋挽诗

柳侯卅载相知旧，国史罗胸万士无。照眼虬髯见英伟，惊人秀句落江湖。韩非显学称三墨，鲁国诸生此一儒。世乱未平斯老逝，谁持正论折狂夫。

衡阳刘异詧龙十一首

次绍熙先生韵

五溪来共鹭鸥盟，忽忆鸳湖旧曲名。羁客吟魂在春水，霸才词料是苍生。日逢佳节添乡思，诗到蛮方有变声。每笑吾伶多荷锸，琼筵何惜玉山倾。

上巳后四日，何叟特循招游丹山寺，设宴马君公武白云山庄，积微兄送书速偕，盘桓竟日，归得二十四韵，奉酬何叟，并谢积微

瑶岑一何静，鹭立清沅曲。障澜回双碧，骞烟耸孤绿。砥江若有神，临渡辄延日。何叟飞琼筵，杨子成春服。屡简招我俱，如兰春秋菊。鲜意蔚玄虚，逸情起幽独。暖风收宿雨，旷朕荬川陆。联袂度阡渌，登陟验腰足。主人俯槛

迎，鬓眉皓如鹄。嵌空霞庑轩，飞宇天波浴。挹翠缅锦岑，饮光坐西谷。轻刀杭苇叶，遥塔蠹霜玉。仰视来雁驰，俯聆潜虬逐。闲鱼叩磬石，倦禽憩瘿木。静籁生冷飔，微馨吐柔簇。客心净以恬，眺听诚且穆。怀古忧患多，叹逝宙合促。嗟彼玄真客，至今何归宿。丹烟久杳然，空肆尘外瞩。何似童颜侣，神仙希芳躅。佳人隐春花，群彦阒丹屋。雅言和开琴，嘉肴饱饥腹。沉冥契巢由，遑问蛮与触。白云媚丹山，时来倒醰醁。

辰溪晚秋

西行五千里，带得峭寒归。衰草随长道，清沅浣客衣。荒荒看落木，脉脉送斜晖。依旧愁征战，秋高马正肥。<small>新自渝归。</small>

西风吹客梦，和月堕烟萝。蝶惜黄花瘦，雁惊红叶多。舒情温草木，忍泪看山河。摇落伤迟暮，苍茫奈尔何。

天意增萧瑟，人间苦冷清。斜阳补红树，落叶酿秋声。地老霜华重，林空月色明。辰溪风景异，双绿抱残城。<small>近再被寇机轰炸。</small>

秋色浩无际，翛肰生远心。平原尽寒碧，四宇共萧森。白塔朱霞冷，丹山黄叶深。岭梅芳信早，南望一长吟。<small>时收复南宁。</small>

四忆诗

忆辽宁

曾将藻月出关门，璧水东西柳绕村。南满笙歌千帐动，北陵风雨万松喧。九霄春梦天沉醉，一夜秋声地失魂。怅逐归鸿度辽海，不堪回首雪痕存。

忆北平

虎豹何因踞九门，卢龙卖塞逼黄村。风寒易水长虹白，月堕芦沟万马喧。东去铜仙应有泪，西来玉佛亦消魂。<small>闻中央公园铜像、团城玉佛，均被倭寇移去。</small>悲歌自古推燕赵，可惜荆卿已不存。

忆南京

遥看白马出阛门，怅断江南黄叶村。虎踞龙盘供燕戏，莺飞草长任蜂喧。可怜朱雀桥边月，难返桃花扇底魂。庾信哀时最萧瑟，江关词赋独长存。

忆武汉

看栽杨柳武昌门，十里楼台郭外村。夜静弦歌邀月听，春来车马任风喧。青山隐隐千年恨，黄鹤迢迢万里魂。听说落伽花草泣，满园桃李几残存。<small>闻倭寇辟落伽山为营妓所。</small>

和威谋兄赠疏厂[①]

偶为寻诗到鹿门，有人萝笑隐荒村。龙蛇入笔风云动，鸥鹭联吟溪谷喧。满袖香兰安病客，一帘红叶寄离魂。词人老去风怀减，只剩天花结习存。

长沙王竞疏庵八首

兆畴吟兄招饮，并示近诗，奉和答谢，兼柬同座诸公

良辰雨霁雾新收，广座雍容酒一瓯。驰荡春光随意好，苍茫云气挟天浮。胸中忽忆当时事，岭外曾为十载游。今日蛮乡遇元孝，可堪回首屬边楼。君为粤新会人，与谈粤事，不胜慨喟。

红 叶

大地金飙动，新飞万点霜。吴江秋落寞，巫峡树凋伤。夜泊枫相对，心惊菊再黄。飘摇俱有感，是处断人肠。

瞑坐怀云麓，林间石径斜。乍晴疑点绛，向晚欲蒸霞。岩岫今迢递，芳菲有怨嗟。春光应不远，留眼看桃花。

豢龙过谈，得五绝句

半生低首拜云湖，强学莺哥得似无。自是师门好衣钵，青霄想望凤栖梧。"强学莺哥集凤条"为湘绮论诗绝句，君出王门，故以相质。

洒涕何缘到夜台，啼鹃听彻意增哀。寒窗更触寒灯咏，庭树萧萧暮雨摧。君和余《琐窗寒词》，语多哀感。又忆君为余题《寒灯风树图》，固有同慨也。

吟就千诗鬓已霜，只凭篇翰写苍茫。霸才今古同萧瑟，岂仅飞卿吊孔璋。章君行严赠君诗有"霸才无主剩千诗"之句。

莺飞草长柳毿毿，春日秦淮我旧探。花外今传断肠句，蘸毫休更咏江南。君词有"草长春生"之句，为江南作也。

樽前愁对旧山河，身世黄王感喟多。晚作遗民甘祝发，伤心还有忍头陀。与谈明遗民故事。

益阳曾运乾枣园四首

罗生书慎，亡友庶丹先生女也，屡试辄冠其曹，于其毕业，赋此为赠

江东墓草几新陈，曙后长庚烂彻晨。不椟何妨称进士，未笄已足弁群伦。窗无野马妨窥日，室蓄灵犀可避尘。亡友九泉应一笑，壁经终古有传人。

---

① "厂"，同"庵"。后曾昭权诗题同。

熊生嘉麟毕业后将游蜀，专攻史学，赋此赠别。生曾教学南洋，故中句有及

抟扶鹏翮恣游翱，谁似熊媛意气高。碧海波曾轻万里，锦江春更梦三刀。西州坠简先传伏，东观奇书待续曹。峡浪未须惊险恶，浮江莲叶稳能操。

白菊花

一枝琼蕊出风尘，淡泊还宜处士亲。独为金行留正色，全于霜后见精神。朝真素靥堪陪月，竞秀幽兰傃及春。堪笑东坡多理障，犹将黄紫较天人。

天隐被盗劫，戕其外孙，纪事诗来，赋此奉慰

秋老霜严冷逼身，开缄疑睹万黄巾。深宵风雨天应泣，古殿衣冠佛不仁。受刃桓鳌鹣护子，传经伏女幸全亲。前三生本无穷事，待礼空王问宿因。

长沙杨树达积微九首

兆畴、绍熙主诗社第一集，有诗索酬，戏为长句奉答

迦陵词伯天下贤，梅村合手开琼筵。颜酡腹饱狂烂漫，叩门寻我索诗篇。我生朴拙不能诗，愁来开卷偶吟之。追逋火急无地避，欲从王赧筑台諛。笑谓两君何太暇，曷不持戈跨鞍马。中原胡骑正纷纷，长吟短咏胡为者。君家胜广人中龙，大泽一呼咸阳空。期君绳武举义旆，驱逐虾夷返海东。不然定恋毛锥子，欲作诗坛中兴事。拔帜开垒迎君来，老夫投笔从此始。

游丹山寺

独立千岩上，神偕宰昊通。众山成拱抱，一水效朝宗。巨穴传丹灶，危楼倚翠松。我来登眺久，疑入白云中。

送何特叟游蜀

壮岁论交今皓首，故园无分共蛮方。乍抆梦里忧时泪，又断尊前惜别肠。三峡猿声添落寞，五溪鸿爪有文章。归舟好句兼新酿，爱晚亭边醉夕阳。有归后痛饮麓山之约。

赠熊嘉麟

熊媛精进殊未已，学文乍毕复攻史。负书今向蜀江行，欲看西南好山水。从来山水助文字，不信马迁有前事。归装何物压轻舟，百数十篇新史记。

再答雨生

散原逝后诗歌歇，今日蛮荒著此公。几首新词赓白雪，千年双井剩清风。

乡邦述旧滋余愧，肝胆论交喜子同。欲待时平庐阜去，相携凝睇大江东。

白菊花

姑射神人此脱胎，肌肤如汝信奇哉。戴将头上惊年老，插满襟前喜酒来。但愿傍篱供采撷，莫教入世污尘埃。冰心玉骨谁为偶，指日寒梅冒雪开。

辰溪晚秋

两度逢秋晚，辰阳客思惊。黄花摇瘦影，孤雁咽商声。诸子成分散，他乡卜死生。长男、次男皆在重庆，三男漂泊河北，一年无音问。西风添百感，况此别离情。

步月和威谋用宏度韵

镇日茅斋不出门，偶然随伴踏荒村。芊芊野草烧余碧，活活溪流静里喧，南服喜闻追伏寇，故人谁与定惊魂。天隐近被盗劫。乱来朋旧凋零甚，寂寞空山怅独存。乱后吴检斋殉国，邵次公、陈慎登、林公铎病逝。

次方叔章五十九自寿韵却寄，兼怀章行严

胸有当年景略才，枢垣送老亦穷哉。江南旧业三秋梦，剑外新篇一雁来。清兴不缘尘劫减，壮怀肯为鬓霜摧。吟边见说佳人共，好句思深费细猜。

醴陵易鼎新修吟一首

辰溪晚秋

风雨凄凉夜，孤城秋已深。塞虫鸣废墅，落叶战衰林。正念无衣苦，何堪游子吟。群芳惭未赏，旧梦怕重寻。大地诚萧瑟，丹山自古今。年光还未暮，况有后凋心。

长沙骆鸿凯彦均一首

送何特翁入蜀

诗家四杰推弘正，却喜吾犹及老成。是处烟岚供点缀，向人风义见生平。苍波送别情无极，青简相期宠亦惊。惭愧谂痴珍敝帚，还须宗匠与铨衡。

南昌熊正理雨生六首

五溪诗社宴集呈同人

书城暂幸出重围，小聚浮觞对翠微。杯酒雍容交履舃，湖山点缀藉光辉。不嫌花谢春晖尽，却喜村幽夜警稀。愿续清欢永今夕，明朝尚免马头靰。次日青年节。

送周生重心赴渝

万里谁言蜀道赊，如今冠盖盛京华。要从人海交豪杰，不负声名好世家。叹我搔头年已老，别君握手感无涯。山川一路多奇趣，胜读图书满五车。

重九社集

疏叶梧桐已半黄，秋深山色渐凄凉。故园松菊荒三径，照眼烽烟慨万方。尚剩登临吾辈健，不解诗酒少年狂。莼鲈纵动思归兴，无奈家乡是异乡。

肖聃、枣园、积微诸公争次余重九诗韵见酬，赋谢一律

十年以长吾兄事，接手曾杨李数公。不见咸同名世盛，犹承皮叶大儒风。疏狂曲为诸贤恕，忧乐相期我辈同。长记重阳歌慷慨，倚楼齐望海云东。

酬积微先生

江山同望谁青眼，肝胆论交两素心。一遇知音人海里，不辞三弄作龙吟。

君前后赠作，有"江山同此君偏秀""肝胆论交喜子同"之句。

沧江弟子眼中人，未说平生意已亲。我亦梁公门下客，十年感旧泪痕新。

湘乡曾昭权威谋五首

何特老招饮丹山寺赋谢

何公雅好客，晴日宴丹邱。群贤忻命驾，我亦从之游。鼓楫涉涟漪，摄级攀龙虬。侧身度两壁，纵目俯双流。迢迢望辰阳，渺渺怀左徒。精诚耿千载，危邦罹百忧。阳明昔迁谪，此邦亦淹留。遂能奋高蹈，弥纶禹画州。中原遭板荡，风雨同维舟。对酒心如痗，郁郁不能酬。主人寿眉古，仿佛商山俦。卜期将西征，良会结绸缪。假地依沅滨，东道主马周。园林萃众妙，盘俎罗庶羞。慷慨惜远别，座客各长讴。挂席来朝发，能娱一日不？

雨生以余遇险，长句见慰，次韵答之

长蛇封豕甘人些，剪纸招魂感四郊。顾我窜身犹有谷，嗟渠夺命欲空巢。鲸鲵跋浪方稽戮，荃蕙无芬竟化茅。尚复何心问虫臂，子舆况许裹佳肴。

辰溪晚秋

几日阴霖一日晴，骤寒乍暖若为情。裁衣渐觉云山换，入梦难寻节序更。水外巉屼笼雾气，林间络纬送秋声。江皋闲步余霞暗，天半浮图瞰废城。

友古六丈来辰阳，星庐赠二长句，赋此和之

经年怀契阔，重见一沉吟。霜鬓看同老，松心直到今。白云深自悦，青鸟

远相寻。出处非无意，吾侪喜盍簪。

次疏厂门存韵

何人落拓住夷门，未到辰阳世外村。涛卷万松闻众妙，林鸣好鸟息群喧。偶缘时令题红叶，莫认风怀返倩魂。斗室维摩虽示疾，散花天女若边存。

衡山谭云鹤鹤松三首

招　饮

八表同昏日，艰难寄此身。闲吟宁有意，羁旅自相亲。楚泽饶香草，清关鲜杂尘。欲邀明月饮，一醉五溪春。

辰溪晚秋

尘网辰阳道，惊寒未授衣。露稀霜渐重，水落蟹初肥。思妇随螫泣，征人梦雁飞。丹山秋色好，翘首意多违。

白菊花

冷淡西风里，含英一笑温。霜前犹斗色，月下浑无痕。俗尚黄金贵，孤怀素志存。疏篱人似玉，聊共醉吟魂。

新会陈兆畴穗庭十二首

上巳次鹤松韵

上巳欣逢半日晴，东风送暖解余醒。野塘积水迎人皱，山县荒烧照眼明。涉世渐知莺舌巧，思归翻羡燕身轻。客中佳节忽忽度，不尽春光畹晚情。

次韵酬熙农

一别秦淮水，知君百感滋。风霾昏日月，南朔失藩篱。旧侣降臣传，前尘集句诗。君集句殊清丽，而当时唱酬旧侣，今已兰芷不芬。岂堪回首望，樽酒且相随。

十月十一日湖大被炸

飞丸过处响奔雷，荒洞归来吊劫灰。残甃纵横高馆圮，小窗历落短椽摧。急看破箧书犹在，却恐阴云雨欲来。差喜庖丁能解事，故供佳馔佐浮杯。

辰溪晚秋三首

日暮荒城独倚楼，萧萧景物到汀洲。风高渚出征帆少，鹭冷鸥饥败蓼稠。薄雾故遮遥岫暗，夕阳还为废墟留。骚人例负悲秋意，况复烽烟遍海陬。

纵横忧患满人间，用东坡句。劫后翻教得暂闲。桐叶已催秋色去，角声时引旅愁还。一年容易风吹鬓，万里萧条雁度关。长厌杜陵期稷契，漫天寒雨卧看山。

麓山归后学忘机，日日萧斋静掩扉。世虑真同秋露冷，故人应讶尺书稀。连天衰草风声急，一夜浓霜柿子肥。事业此生原自断，只愁钱贱室人饥。

五溪二集题词

惭说班生能定远，且师杜叟苦吟诗。世人莫漫相猜度，洛社风流不在兹。

风雪空山老树村，相逢同有泪双痕。寒窗语罢还成笑，检点诗笺对客论。

流传何必到人间，难得骚人尔许间。不为兵戈辍吟咏，松篁相望各苍颜。

两卷诗成岁月移，书生心事不胜悲。他年岳麓看红叶，应笑携樽歌哭时。

红　叶

凋尽黄花落尽槐，南枝犹未着寒梅。惟余几树晴霞色，点染霜林到水隈。

一林红锦胃晴烟，恍见羊城荔子然，好是半江斜照里，并桥看泊卖鱼船。

长沙吴绍熙二首

次韵赠鹤松兄

莽莽风云扰，孤怀自在身。万缘撄不到，一卷伴相亲。物化通玄象，幽思绝俗尘。尚余诗百首，写遍五溪春。

江干闲步

寒雨初晴偶出门，江干闲眺到孤村。修林傍水闻禽语，杳霭连山绝市喧。世外好栖羁旅客，劫余空惜古城魂。雄师北定中原日，问讯亲朋尚几存。

宜丰刘乾才健如三首

十月十一日校舍被灾感赋

秋日方亭午，商飙吹浩荡。高枕卧幽斋，风鹤传天上。披衣仓皇奔，邻里已空巷。儿女走牵衣，低头未敢望。我来攀巉岩，窃视依屏障。轻雷初隐隐，霹雳倏相向。轰烈山岳崩，观者色沮丧。忽焉杳无踪，惟见云飘飏。广厦重罹灾，凭吊登青嶂。破屋拥尘埃，满眼迷烟瘴。塞途乱樯桶，免蹶恃藤杖。俯瞰穸窿深，仰观天宇旷。人情随物变，渐觉凄凉状。弹指感沧桑，往迹但想像。明朝土木兴，一篑烦大匠。巍然复旧观，事过恐易忘。徙倚渐黄昏，中心犹惆怅。嗟我不逢辰，载舟逐骇浪。浩劫几番睹，微躯幸无恙。更嗟无辜民，千万成醯酱。血肉遭横飞，委地难收葬。此恨谁能平，勒铭期诸将。

辰溪晚秋

山城风雨黯连宵，乍喜晴晖破寂寥。晓雾朦胧千嶂隐，秋霞灿烂五云飘。望乡心逐传书雁，遁世情同卷叶蕉。却怪天公多肃杀，无边落木日萧萧。

虚飘飘　读东坡、山谷之作，戏仿其体，并用原韵

虚飘飘，狂风翻燕幕，落日映虹桥。露渍寒蝉翼，霜凝枯柳条。青蝇附骥空千里，苍狗从龙横九霄。虚飘飘，比今世事犹坚牢。

东安陈耀南仲平七首

龙山道中杂诗

东江峭壁参天起，下胁行舟势欲吞。怪石森森争水立，滩头横蹙浪花翻。一江绿醑澄寒碧，两岸烟环拥翠岚。曲涧平沙杨柳岸，恍然归路到湘南。山脉西来自武陵，此行无处不崚嶒。烟云满壑沾寒袖，石壁攒天倚瘦藤。参天古木生苔藓，拔地幽崖蔓薜萝。苍鼠怪禽时一见，寂然无语对岩阿。千寻石峡响流泉，两壁幽篁滴翠烟。莹彻心眸明彻骨，独穿云水吸清妍。乱石横江似剑排，怒涛翻处响轻雷。平生见惯风波险，一叶飘然浪里来。

晚　眺

晚晴曳杖纵幽眺，暖暖江皋浮落晖。尘心忽与峰嶂静，村路时见牛羊归。古寺钟声坠空暝，远山云气连天微。小立濠梁独神往，人我游鲦皆化机。

长沙余肇纯熙农一首

奉酬穗庭

风风雨雨不胜愁，春暮荒城共倚楼。飞檄几番喧海宇，降幡一片出皇州。缤纷此日新诗卷，零落当年旧酒俦。莫向朱栏东北望，漫天尘雾水悠悠。

安化邱毅有吾二首

晚　眺

最爱林边夕照斜，依稀树影有归鸦。竹篱板屋江村路，酒店新添三两家。

游潭湾石洞

天开门户郁嵯峨，石髓蛟涎历世多。幽境使人无俗气，鸣泉为我发清歌。凉生虚壑疑风动，日向疏林有影过。乘兴不知冥色近，归途明月共婆娑。

乙　词录

衡阳刘异蓁龙三首

琐窗寒　寒食用清真韵，与啸苏同作

绣地芜青，摇天柳碧，小桃迎户。残红乱摽，受了几多寒雨。正行人断魂未归，夜深听彻啼鹃语。怅无边爱日，清晖萦绕，泣春孤旅。　春暮。归何处。记旧事飘烟，月三日五。《岁时记》：介之推绵上之火为三月五日。天涯寸草，愧杀绵山高侣。念西陵坏土未干，纸钱化蝶飞舞否？怨东风滞我蛮方，甚日亲牲俎。

满江红　听雨和弘度

洒遍江山，更遥夜潇潇淅淅。浑疑是巫啼清泪，湘愁清瑟。不管蘼芜深院静，却缘桐叶空阶滴。又重泉树杪卷潮来，飘帘急。　珠错落，鲛绡泣。镫惨淡，鱼更寂。正断鸿声咽，哀鹃声涩。自昔歌楼红烛黯，而今丈室天花湿。问诸天何日泪弦收，无消息。

水龙吟　赋白菊

正听黄叶凄声，篱边又见霓裳舞。金英渐老，红心未吐，含情无语。秋色平分，一分明月，一分清露。自移根陶宅，风流愈澹，那肯向瑶台住。　本是蕊珠仙侣。写秋痕蓼花红处。琼霜冒夜，絮烟笼晓，迷离无绪。搓雪成丝，团云作梦，芳心更苦。任生涯冷淡，素襟皎洁，唤骚魂赋。

长沙王竞疏庵一首

鹧鸪天　蓁龙去夏过辰，与枣园、弘度、绍宾、积微诸人同聚数日，弘度旋作蜀游。顷蓁龙来校讲授，过访马溪，而弘度仍羁巴蜀也。离合无端，赋此述意

含暝溪桥小立时，波痕人影漾参差。一年近事从君问，斜日昏鸦送客归。云黯黯，草离离，故人今尚隔天涯。料应卧听巴山雨，滴碎春心只自知。

益阳曾运乾枣园三首

琐窗寒　访鬈龙村寓，兼招入社，十年来未得快谈也，叠清真韵

曲巷阴沉，横冈径复，当途庭户。相逢一笑，禁得别风淮雨。问年来二毛渐侵，少游可共平生语。叹依风代马，巢南越鸟，廿年羁旅。　　迟暮。伤心处。记皂帽同归，月圆三五。民国廿年中秋，与兄离辽到燕。千军瓦解，谁分酒朋诗侣？更丁令飞遍九州，人民城郭今在否？剩高歌一曲南征，杜诗："武陵一曲想南征。"社约传樽俎。

浣溪沙　用征铠韵

眺尽平芜欲化烟，春风三度落花前，许多幽怨上心弦。　　岭表经年几过雁，江南无处不啼鹃，可堪回味水晶盐。

南国鲛消薄似烟，窄衫危屧舞筵前，银筝轻拨十三弦。　　老夫华亭闻怨鹤，春归蜀道有哀鹃，冰盘谁与点红盐。古云：蛮盐可伏雌雄，红盐为上。

湘乡曾昭权威谋一首

满江红　赠午翁

大好河山，破碎了已添华发。臣此恨惟天可表，凭谁能说。早岁学书知敌万，暮年贯札何堪七。听滩声悲愤总难平，长呜咽。　　浑无奈，摩铜狄。其有意，挥金铖。挽天河洗尽膻腥妖孽。与子腹心同鲁卫，忍将肝胆同胡越。到而今更有甚相酬，腔中血。

衡山谭云鹤鹤松一首

捣练子　橘花

温似玉，白如霜，一阵清风一阵香。长借绿肥藏素影，遂输红艳让花王。

新会陈兆畴穗庭二首

蝶恋花

十里平沙芳草软。剪剪轻风，橘柚花香遍。柳外楼台深浅见，苍苍暮霭峰峦远。　　到处游丝春婉晚。初夏风光，渐欲迷人眼。客里最愁时节换，天南况又音书断。

踏莎行

草长平芜，莺啼暖树。忽忽又是春将暮。平生从不解伤春，今番谙尽伤春

苦。　　几度踌躇，几回廷贮。天南何事音书误。子规犹自尽催归，不知人已朱颜瘦。

仪征吴征铠一首

踏莎行

露湿风寒，残花满地。中宵立尽愁滋味。几番和泪写鸾笺，几番却又撕揉碎。　　拼不思量，怎生回避。思量百遍终无计。待随清梦到郎边，更愁今夜郎无寐。